Carolin Bullinger

RESET -

Rezepte

In Zusammenarbeit mit Rainer Heimann ist dieses kreative Werk entstanden.

Gourmetrezepte
für
RESET

von

Carolin Bullinger
&
Rainer Heimann

Impressum

Copyright: © 2024 Carolin Bullinger
Verlag: BoD · Books on Demand GmbH, In de Tarpen 42,
22848 Norderstedt
Druck: Libri Plureos GmbH, Friedensallee 273, 22763 Hamburg

Konzept: Carolin Bullinger
Fotos: Carolin Bullinger
Text: Carolin Bullinger & Rainer Heimann
Layout: Carolin Bullinger

ISBN: 978-3-7693-0452-7

1. Auflage

Printed in Germany

Bibliografische Information der Deutschen Nationalbibliothek
Die Deutsche Nationalbibliothek verzeichnet diese Publikation in der
Deutschen Nationalbibliografie; detaillierte bibliografische Daten sind
im Internet über http://dnb.d-nb.de abrufbar.

Inhaltsverzeichnis

Über die Autorin

Carolin Bullinger war schon als Kind im Turnen sowie Kunstradfahren sportlich sehr aktiv. Als Jugendliche begann sie zusätzlich mit dem Standardturniertanzen. Nach Ihrer Ausbildung sowie dem Studium in der Immobilienwirtschaft ergänzte sie weitere Aus- & Fortbildungen im Fitnesssport, wo sie seit mehreren Jahrzehten als Coach, Personaltrainer und Ernährungscoach im Fitness- & Gesundheitssport arbeitet, u.a. mit den Schwerpunkten Onkologie, Diabetes und Coronarsport. Sie ist darüber hinaus Referentin für diverse Sportverbände in Baden-Württemberg und arbeitet Hauptberuflich bei einem der bekanntesten deutschen Hersteller sowohl von Kraft- als auch Beweglichkeitegeräten.

Relativ schnell ist ihr klar geworden, dass nur mit Sport und Bewegung alleine das Gewichtsmanagement nicht in den Griff zu bekommen ist. Eine zweite Säule, an der zwingend parallel gearbeitet werden muss, ist die Ernährung.

Sie selbst testete diverse supplementierte Ernährungskonzepte im Eigenversuch. Sie stellte fest, dass eine wichtige Komponente dabei der funktionierende Zellstoffwechsel ist, um dauerhaft das Gewicht zu halten. Bei einem dieser Konzepte begegnete sie Rainer Heimann, beide Wege trennten sich von dem damaligen Konzept. Die Wege kreuzten sich wieder und eine gemeinsame Vision von „Menschen gesund machen" ließ die Idee diese Buchs entstehen.

Für das RESET lagen zwar erlaubte Nahrungsmittel in einer Liste vor, aber keine fertigen Rezepte. So war das Kochen anfänglich sehr Mühsam. Und so entstand die Idee, ein Kochbuch zu kreieren. Und zwar kein 0-8-15 Kochbuch, sondern eines mit kreativen Rezepten, damit auch im RESET das Kochen und Essen richtig Spaß macht und schmeckt. Und das mit möglichst geringem Zeitaufwand, denn keiner hat Lust Stunden mit der Vorbereitung des Essens in der Küche zu verbringen. Das Resultat finden Sie auf den folgenden Seiten.

Über den Co-Autor

Rainer Heimann beschäftigt sich seit seiner Jugend leidenschaftlich mit Gesundheit. Er hat viele Bücher gelesen, Vorträge und Kurse besucht, um sich möglichst viel Wissen über Gesundheit und „gesund bleiben" anzueignen. Gesundheit war für ihn schon immer das Wichtigste im Leben.

Viele Ernährungsformen hat er selbst ausprobiert, wie vegetarisch, vegan und sogar rohkostvegan, auch verschiedene Fastenmethoden wie Intervallfasten, Heilfasten und diverse Fastenkuren. Ihm persönlich bringt die Reset-Ernährung die besten Ergebnisse, und das dauerhaft und spielerisch. Er fühlt sich fit, vital, voller Energie, schläft seitdem besser und seine Fettverbrennung läuft selbst mit Ü60 noch auf Hochtouren.

Was ihn an den sogenannten „Stoffwechselprogrammen" immer am meisten gestört hat, waren die dringend benötigten Zusatzmittelchen wie HCG oder irgendwelche Globuli etc..

Nach jahrelangem Ausprobieren und Forschen ist er zu der Überzeugung gelangt, dass solche Zusatzmittel überhaupt nicht notwendig sind. Das Einzige, was notwendig ist, ist seinen Zellstoffwechsel dauerhaft auf 100% zu bringen.

Als Ingenieur zählt für ihn nicht raten, schätzen oder glauben, sondern ausschließlich messen, wissen, beweisen!
Beim Reset wird sowohl die Zellfunktion als auch die Fettverbrennung gemessen und bewiesen. Es wird beides auf Hochtouren gebracht.

97% der Menschen haben eine eingeschränkte Zellfunktion, was parallel zum RESET-Programm bis dato in über 1,6 Millionen Zellmembrantests nachgewiesen wurde. Beim Reset wird gemessen und nicht geraten!

Beide wünschen Ihnen beim RESET Spaß, Erfolg und guten Appetit!

Vorwort

Übergewicht und Fettleibigkeit verbreiten sich wie eine Epidemie rund um den Globus. Weltweit waren im Jahr 2023 537 Millionen betroffen. Deutschland zählt zu den Top 5. Rund 70 % der Männer und 50 % der Frauen in Deutschland sind übergewichtig, jeder fünfte Deutsche ist fettsüchtig (BMI >30). Tendenz steigend – Schätzungen zufolge werden im Jahre 2045 ca. 783 Mio. Menschen in der Altersgruppe von 20 – 64 J. betroffen sein.

Auch immer mehr Kinder und Jugendliche in Deutschland sind übergewichtig oder fettleibig. Jedes sechste Kind bringt zu viel auf die Waage. Sieben bis acht Prozent der Kinder sind sogar fettsüchtig. Eine wahrhaft schwere Bürde, denn dicke Kinder haben gute Chancen, dicke Erwachsene zu werden. Wenn der Wert auf der Waage steigt, steigt auch das Risiko für Begleit- und Folgeerkrankungen wie u. a. Bluthochdruck, Herzinfarkt, Schlaganfall und Diabetes Typ II. In wissenschaftlichen Studien konnte gezeigt werden, dass das „innere Bauchfett" (auch Viszeralfett genannt) im direkten Zusammenhang mit Herz-Kreislauf-Erkrankungen steht. Viele in Fettzellen gebildete Substanzen sind bekannt dafür, dass sie eine Rolle bei Entzündungen oder bei der Regulation des Blutdrucks spielen. Neuer ist aber die Erkenntnis, dass die Fettzellen übergewichtiger Menschen besonders große Mengen so genannter "Adipokine" (Signalmoleküle) produzieren. Die genaue Wirkweise ist abschließend nicht bei allen Adipokinen geklärt, aber sicher scheint: Viele davon sind in höherer Konzentration gesundheitsschädlich. Sie können u. A. Entzündungen an den Gefäßwänden hervorrufen, die Wirkung von Insulin schwächen, die Thrombenauflösung verhindern oder Gefäßverengungen begünstigen.

Die häufigste Folge von Übergewicht ist Bluthochdruck. Das Herzinfarkt-Risiko ist selbst mit mäßigem Übergewicht im BMI-Bereich zwischen 25 und 29 doppelt so hoch wie bei Normalgewicht. Übergewicht erhöht außerdem das Risiko für Fettstoffwechselstörungen, Atemaussetzer im Schlaf, Gallensteine und Arthrose in Knie-, Hüftgelenken und Wirbelsäule. Übergewichtige Frauen erkranken häufiger an Gebärmutter-, Eierstock- oder Brustkrebs, übergewichtige Männer an Darm- oder Prostatakrebs.

Wesentliche Ursachen für Übergewicht sind Überernährung, Magelernährung bezüglich Nährstoffe, Vitamine und Mineralien, Bewegungsmangel, Befriedigungsverhalten (Naschen), genetische Faktoren, Stoffwechselstörungen, psychologische Faktoren , Lebensmittelunverträglichkeiten und Nebenwirkungen von Medikamenten. Ein hoher Kohlenhydrat-Anteil insbesondere in Fertigprodukten stimuliert die Einlagerung von Fetten. Verstärkt wird das Ganze durch die enorme Werbung für Hochkalorisches: Alkoholika, Süßigkeiten, Fertiggerichte, Fastfood, usw.

Eine Studie aus Finnland zeigt, dass Präventionsprogramme wirken können: Dort bekamen übergewichtige Menschen, die ein erhöhtes Diabetesrisiko hatten, Maßnahmen zum Schutz vor Diabetes angeboten. Tatsächlich konnte das Diabetes-Risiko der Personen, deren Körper den Blutzuckerbaustein Glucose bereits nicht mehr richtig aus dem Blut in die Zellen bringen konnte, gesenkt werden. Das finnische Programm ist eine Mischung aus Ernährungsumstellung, wiederkehrender Ernährungsberatung in Kombination mit einem Fitnessprogramm.

Viele Erkrankungen ließen sich somit mit gesunder Ernährung und Sport verhindern!

Die 47 Bausteine des Lebens

Vielleicht hast du schon von den 47 Bausteinen des Lebens gehört, die so wichtig für deine Gesundheit und dein Wohlbefinden sind? Du bist was du isst. Das was wir essen, aber auch das was wir nicht essen – macht was mit uns. Immer. Das Thema erscheint komplex. Aber wir können dich beruhigen und wollen dir zeigen, wie du diesem Thema mit Leichtigkeit begegnen kannst.

Wichtig ist zu wissen, dass diese Bausteine essentiell sind, wir diese also über unsere tägliche Nahrung aufnehmen müssen. Die Wissenschaft sagt: „würde nur einer dieser Bausteine komplett in der Ernährung fehlen, wäre das Leben nicht möglich" und „ist einer dieser Bausteine z.B. nur zu 70% vorhanden, läuft das komplette System (deine Energie/deine Gesundheit/dein Immunsystem) nur auf 70%". Daran erkennt man sofort wie wichtig diese Bausteine für unsere Gesundheit und unser Wohlbefinden sind.

1. Was genau sind die 47 Bausteine des Lebens?

Der Hintergrund ist einfach: Bei den Bausteinen handelt es sich um die Stoffe, aus denen dein Körper natürlicherweise besteht und immer wieder aufgebaut wird (Zellerneuerung). Die 47 Bausteine solltest du regelmäßig und in ausreichender Menge zu dir nehmen. Fehlen sie über einen längeren Zeitraum, können Befindlichkeiten und Krankheiten auftreten. Die gute Nachricht: Es ist nie zu spät etwas für seine Gesundheit zu tun, da wir uns in einem ständigen Regenerations-Prozess befinden. Millionen von Zellen werden jeden Tag neu gebildet und wenn wir beginnen, den Zellen wieder das zu geben, was sie für ihre volle Funktion brauchen, können wir unsere Gesundheit „reseten".

Die Bausteine lassen sich in fünf Gruppen aufteilen:

* 13 Vitamine
* 9 Aminosäuren
* 3 hoch ungesättigte Fettsäuren
* 5 Mineralstoffe
* 17 Spurenelemente

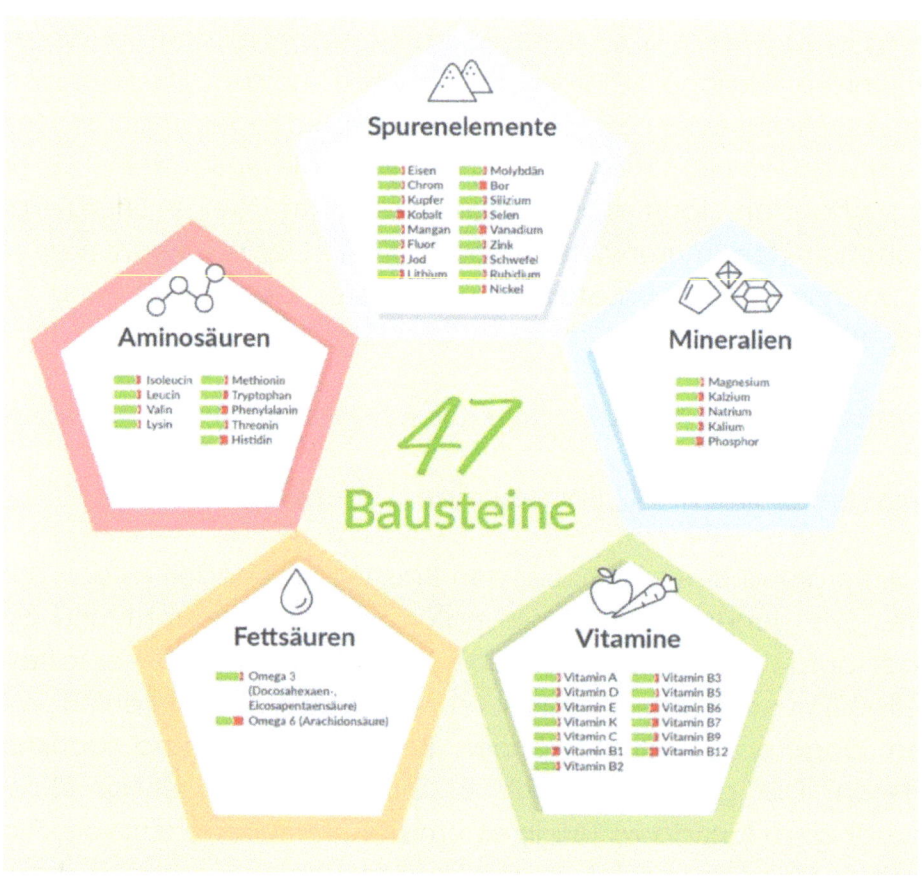

2. Bist du ausreichend versorgt?

Eine weitere gute Nachricht ist, dass du die 47 Bausteine nicht im Detail kennen musst. Schon gar nicht musst du wissen, wie viel dein Körper von jedem Einzelnen braucht, zumal wir ständig neue und andere körperliche und geistige Herausforderungen haben, in denen sich auch der Bedarf ändert. Z.B. in der Kindheit ist dein Bedarf ein anderer als im Rentenalter. Ein Leistungssportler hat einen anderen Bedarf als eine Schwangere oder ein Büroangestellter.

Bei einer grundlegend gesunden Ernährung, mit vielen verschiedenen Obst- und Gemüsesorten und Hülsenfrüchten, hast du schon eine gute Grundlage und machst vieles richtig. Ein sehr bekannter Mediziner aus München sagt: „um ausreichend mit Vitalstoffen versorgt zu sein, sollte man täglich 1,2 Kilogramm frisches Obst und Gemüse essen; aus 20 verschiedenen Sorten und bester Bioqualität!" Ein konventionell angebauter Apfel hat heute bedeutend weniger Nährstoffe als vor der Industrialisierung.

Um z.B. unseren Bedarf an Omega3 aus der Ernährung zu decken müssten wir täglich mehr als 1kg fetten Seefisch essen. Hier wird bereits wieder gewarnt, da unsere Fische heute von Schwermetallen belastet sind und Mikro- und Nanoplastik enthalten. Besonders betroffen sind die Raubfische, da sie am Ende der Nahrungskette stehen. Bei Zuchtfischen kommt die Medikamentenbelastung noch hinzu und der Stress der viel zu kleinen Zuchtbecken. Sich gesund zu ernähren ist heute eine Herausforderung.

Deine täglichen Mahlzeiten sollten im Wesentlichen die Proteine, Fette und Vitalstoffe enthalten, die dein Körper unbedingt täglich braucht.

Wenn du jetzt an deine täglichen Essgewohnheiten denkst, meinst du das du mit allen 47 Bausteinen ausreichend versorgt bist?

3. Brauche ich Nahrungsergänzungsmittel, um mich ausreichend mit den 47 Bausteinen zu versorgen?

Das Ziel sollte sein, dass du deine Ernährung so optimierst, dass die Nahrungsergänzungsmittel nur noch das tun, was schon im Namen steckt: Ergänzen, nicht ersetzen.

Messungen auf Zellebene, haben ergeben, dass sich 97% der Menschen nicht ausreichend mit Vitalstoffen versorgen!

Am besten kannst du eine ausreichende Versorgung sicherstellen, indem du dich im Allgemeinen gesund ernährst und dann gezielt die Vitalstoffe auffüllst, bei denen du unterversorgt bist. Die Versorgung mit den wichtigsten Vitalstoffen, können wir messen!

4. Kann ich alle 47 Bausteine mit einem Nahrungsergänzungsmittel abdecken?

Um eine optimale Versorgung zu gewährleisten brauchen wir neben den Vitalstoffen, auch Proteine und ungesättigte Fettsäuren.

Für einen gesunden Eiweißwert, braucht dein Körper zum Beispiel täglich rund 1,5 Gramm Eiweiß je Kilogramm Körpergewicht. Bei 80 Kilogramm wären das 120 Gramm Eiweiß pro Tag. Dazu kommt noch etwa ein

Gramm (mehrfach ungesättigtes) Fett je Kilogramm Körpergewicht, was zusätzliche 80 Gramm gute Fette, täglich bedeutet.

Hier kommt es auf die Qualität der Produkte und die Stabilisation an. Die glykämische Last sollte stets auf einem gleich niedrigen Niveau gehalten werden um Blutzuckerspitzen zu vermeiden die zu Heißhunger-Attaken und später auch zu Diabetes führen können.

Wir arbeiten mit 3 optimal aufeinander abgestimmten Nahrungsergänzungsmitteln, aus natürlichen Quellen, die von der Produktarchitektur die 47 essentiellen Baustoffe optimal abdecken. Produziert nach dem Arzneimittelstandard, was höchste Reinheit und Qualität garantiert.

Nähere Informationen dazu gibt es im Vortrag „Reset", online, live, oder direkt von deinem Reset-Berater.

5. Sollten Vegetarier und Veganer supplementieren?

Im Prinzip ist es deinem Körper egal, ob er die 47 Bausteine durch pflanzliche oder tierische Lebensmittel zur Verfügung gestellt bekommt. Für viele ist es aber eine ethische Frage. Der wichtigste Unterschied ist die Bioverfügbarkeit der Vitalstoffe in den verschiedenen Lebensmitteln.

Ein gutes Beispiel dafür ist Eisen. Das Spurenelement stellt einen der 47 Bausteine deiner Ernährung dar und kann sowohl aus tierischen als auch aus pflanzlichen Quellen aufgenommen werden. Der Unterschied ist, dass dein Körper tierisches Eisen (z.B. aus rotem Fleisch) deutlich besser verarbeiten und aufnehmen kann. Daher kann eine

Nahrungsergänzung bestimmter Vitalstoffe gerade Vegetariern und Veganern dabei helfen, Defizite wie einen Eisenmangel zu umgehen.

Fazit:

Laut Wissenschaft leiden heutzutage 97% der Menschen nachweislich an einer Unterversorgung der 47 essentiellen Bausteinen. Es wird empfohlen seine Ernährungsgewohnheiten zu optimieren und täglich Nahrungsergänzung in optimal aufeinander abgestimmter Form zu sich zu nehmen!

Es sei denn, du isst täglich 1,2 Kilogramm frisches Obst und Gemüse; aus 20 verschiedenen Sorten in bester Bioqualität und täglich mehr als 1kg fetten Seefisch!

Mit einem einfachen Zellmenbrantest, bringen wir Licht ins Dunkle und finden schnell heraus, ob du optimal versorgt bist.

Der

R E S E T

Der „Reset" ist eine umfassende Methode zur Gewichtsreduktion, die eine optimale Fettverbrennung und die Verbesserung Ihrer Gesundheit ermöglicht. Dabei verändert sich Ihr Körper und wird vom Zucker-Verbrenner (Glukose) zum Fett-Verbrenner. Für die Energiegewinnung greift er nun die ungeliebten Fettdepots heran. Dabei wird nicht nur das subkutane Fett (Unterhautfettgewebe) verbrannt, sondern auch das ungesunde und krankmachende viszerale Fett, welches die inneren Organe umhüllt. Ihr Körper lernt wieder, Fett zu verstoffwechseln, wie es von der Natur ursprünglich vorgesehen ist. Schauen Sie sich für umfasende Informationen unbedingt den Vortrag zum „Reset" online oder live an.

Der Einstieg in den Reset erfolgt mit einer 8- bis 14-tägigen Vitalstoff-Vorbereitung. Die Vitalstoffe bringen den Zellstoffwechsel in Gang und helfen, den Körper zu entgiften. Entgiftung? Leber! Richtig!

Die Leber ist unser wichtigstes Entgiftungsorgan und deshalb sollten wir Ihr unsere besondere Aufmerksamkeit schenken. Sie ist die größte Drüse im Körper und hat unter anderem die Aufgabe, zu entgiften sowie den Fett- und Zuckerstoffwechsel zu regulieren. Sie ist eines der wichtigsten Stoffwechselorgane, denn sie produziert Gallensäfte für die Spaltung und Aufnahme von Fetten. Außerdem ist sie am Eiweißstoffwechsel beteiligt. Die Leber speichert zusätzlich Vitamine sowie Mineralien und synthetisiert Ausgangsprodukte für die Hormonproduktion. Alle Nährstoffe gelangen, nachdem sie aus dem Dünndarm ins Blut aufgenommen wurden, zur Leber. Dort wird sortiert: Sind die Nährstoffe gut für den Körper, werden sie an den Organismus verteilt. Sind künstliche oder chemische Bestandteile enthalten, werden diese Stoffe umgehend aus dem Körper ausgeschieden (Entgiftung). Wer sich entgiftet, lebt nicht nur besser und länger, sondern hat auch mehr Lebensfreude und Lebenskraft. Die Reinheit und Bioverfügbarkeit von

Vitalstoffen hat daher einen entscheidenden Einfluss darauf, ob die Vitamine, Mineralstoffe, Spurenelemente usw. in unseren Zellen ankommen, oder ob wir nur teuren Urin produzieren.

Da unser Stoffwechsel einzigartig und ganzheitlich betrachtet werden sollte, sollten auch die Vitalstoffe/Mikronährstoffe, mit denen wir uns versorgen, diesen Anspruch erfüllen. Eine sinnvolle Produktarchitektur der Supplemente, auf Basis wissenschaftlicher Forschung und Erkenntnissen, sind der door-opener - der Türöffner zur Gesundheit. Bei unserer Vitalstoff-Empfehlung achten wir auf höchste Bioverfügbarkeit, Produktion nach dem Arzneimittel Standard und darauf, dass alle Mikronährstoffe frei sind von chemischen und künstlichen Zusatzstoffen - auch von kleinsten, nicht deklarierungspflichtigen Mengen.

Hier gilt es großes Augenmerk auf die Vitalstoffkombination zu legen. Unsere Reset-Berater stehen Ihnen hier mit Rat und Tat zur Seite.

Das Reset-Konzept ist ein ganzheitliches Konzept, bei dem einzelne Bausteine nicht ausgetauscht oder ersetzt werden können. Sie sind wie Zahnräder, die ineinandergreifen und jedes einzelne Zahnrad trägt zum Reset-Erfolg bei.

Nach der Vorbereitungsphase folgt die Reduktions- bzw. niederkalorische Reset-Phase, in der Sie sich für mindestens 3 Wochen (21 Tage) - ggfs. auch länger - niederkalorisch ernähren. Sie essen reichlich stärkearme Gemüsesorten und zweimal am Tag proteinhaltige Kost (je max. 120 g Fleisch oder Fisch, ...) mit insgesamt ca. 600 kcal pro Tag. Die niederkalorische Reset-Phase dauert mindestens 21 Tage, oder länger bis zum Erreichen des Wohlfühl-Gewichts.

Die Reset-Phasen im Überblick:

Phase 1 ist die „Entscheidungsphase". Hier entscheidest du dich bewusst für mehr Lebensqualität, mehr Wohlbefinden und eine bessere Gesundheit. Gratuliere dir selbst zu deiner Entscheidung und herzlich willkommen in:

Phase 2 - der „Vorbereitungsphase". Diese Phase sollte mindestens 8 Tage bis maximal 14 Tage dauern. Hier bereitest du dich einerseits mental und andererseits auf Zellebene auf dein neues Körpergefühl vor. Setze dir deine persönlichen Ziele und beschäftige dich intensiv mit dem Reset.

Du beginnst mit der täglichen Einnahme der 47 essentiellen Vitalstoffe/Mikronährstoffe, die für den Reset und die Basis deiner Gesundheit lebensnotwendig sind. Sie geben deinen Körperzellen damit alle essentiellen Nährstoffe, die du für die volle Funktion benötigen. Nur wenn deine Zellen vollumfänglich leistungsfähig sind, funktioniert auch dein Stoffwechsel optimal. Und nur mit einem funktionierenden Stoffwechsel kannst du gesund bleiben bzw. wieder die Basis für Gesundheit schaffen!

Phase 3 - die „niederkalorische Reset-Phase". Während dieser Phase hältst du dich möglichst genau an die Reset-Ernährung und bereitest dein Essen nach den Reset-Rezepten zu. Je exakter Du dich daran hältst, desto schneller und langfristiger werden deine Erfolge sein. Diese niederkalorische Phase dauert mindestens 21 Tage, bzw. so lange, bis du dein Wunschgewicht und ideales Wohlbefinden erreicht hast. Phase 3 kannst du nach Belieben auf mehrere Monate ausdehnen. Je länger diese Phase dauert, desto mehr Körperfett wird verstoffwechselt und desto besser und gesünder fühst du dich!

Phase 4 ist die Phase, in der Sie sich weiterhin mit den 47 essentiell lebensnotwendigen Mikronährstoffen versorgen und Ihre neu erlernten Ernährungsgewohnheiten in den Alltag integrieren. Hier dürfen Sie allmählich wieder mehr essen, also mehr Kalorien zu sich nehmen. Versuchen Sie jedoch weiterhin Ihre Kohlenhydrate so gut wie möglich einzuschränken.

Bedenken Sie: Kohlenhydrate werden zu Zucker (Glukose) verstoffwechselt. Ihre Fettverbrennung wird durch die Aufnahme von zu viel Kohlenhydraten (messbar) für 24 Stunden gestoppt! Überschüssige Kohlenhydrate werden von Ihrem Stoffwechsel umgebaut und als Depotfett eingelagert.

Phase 5 - die Phase der „dauerhaften Gesundheit". Wenn Sie Ihre neuen Ernährungsgewohnheiten beibehalten (Sie dürfen auch einfach mal genießen, was Ihnen schmeckt und essen auf was Sie Lust haben) und weiterhin die Mikronährstoffe zu sich nehmen (die 47 essentiellen Nährstoffe, die Ihr Körper täglich benötigt, um optimal zu funktionieren), haben Sie die besten Chancen auf eine langfristige Gesundheit, hohe Vitalität und ein großartiges Wohlbefinden. Gesund und schlank macht das Leben einfach mehr Spaß!

Eine Bitte noch: Schreiben Sie sich vor Beginn ihre Ziele sowie auch alle Ihre Zipperlein auf, auch wenn sie noch so klein erscheinen. Machen Sie unbedingt Vorher-Nachher-Fotos, am besten in Bikini / Badehose, von vorne, hinten und von der Seite, und auch von Ihrem Gesicht mit Hals. Seien Sie schonungslos zu sich selbst. Sie werden erstaunt sein, wie sich Ihr Aussehen schon nach kurzer Zeit verändert. Die Fotos und die Aufschriebe verdeutlichen Ihnen die Erfolge mit dem Reset noch einmal ganz eindrücklich.

Wahl der Lebensmittel

Kaufe Obst und Gemüse möglichst von regionalen Erzeugern ein. Dadurch werden die Transportwege optimiert und das Obst und Gemüse hat einen relativ kurzen Zeitraum zwischen Ernte und Verzehr, so dass möglichst viele Vitalstoffe erhalten bleiben. Denn je länger die Zeit dazwischen, desto mehr Vitalstoffe gehen verloren. Außerdem unterstützt du die regionalen Kleinbetriebe und schonst die Umwelt.

Solltest du einmal wenig Zeit zum Kochen haben, sind auch Tiefkühl(bio-)gemüse ohne Zusätze, also ohne Butter, Kräutermischungen, etc. gut geeignet.

Wenn du Fleisch und Fisch kaufst, gehe zum Metzger deines Vertrauens. Das Fleisch sowie der Fisch aus dem Supermarkt ist zwar günstiger, aber durch die vielen Skandale oft umstritten. Lieber weniger und dafür doppelt so gut.

Bewegung

Nimm die Treppe statt den Fahrstuhl, laufe kürzere Wege zu Fuß statt mit dem Auto zu fahren oder nimm das Rad. Gehe in der Natur Walken oder wenn du kannst joggen - das tut Körper und Geist gut. Treibe ergänzend Sport im Turnverein oder im Fitnessstudio. Das bringt den Kreislauf in Schwung und aktiviert die Durchblutung im Gehirn. Jede Art der Mehrbewegung unterstützt den täglichen Kalorienverbrauch und bringt dich deinem Erfolg schneller näher.

Aber komme bitte nicht auf die Idee, wenn du durch Bewegung mehr Kalorien verbrannt hast, auch nur ansatzweise daran zu denken, dann die verbrannten Kalorien als täglichen Bonus (Zusatzkalorien) d.h. sich mehr Essen in Form von erhöhter Tageskalorienanzahl von 600 kcal zu gönnen. Nein! Sonst geht der Schuss nach hinten los! Die Regel bleibt täglich maximal 500-700 kcal.

Hilfreiche Tipps

Setzte dich hin und überlege, wann du was kochen möchten. Mache einen Plan und daraus eine Einkaufsliste, das erleichtert die tägliche neue Routine. Bedenke, wenn du z.B. Mittagessen für den nächsten Tag vorkochen musst, dass es die Vorbereitung erleichtert, wenn man am Abend Gemüse mit gebratener Putenbrust kocht, und gleichzeitig Hähnchenstreifen für den gemischten Salat mit für den Folgetag gleich mitbrät. Ebenfalls kannst du Suppen in größeren Mengen kochen und in Einzelportionen abgefüllt einfrieren, so habst du etwas vorrätig, wenn es mal schnell gehen muss.

Ohne Fett braten - geht denn das? Ja es geht, es geht sogar sehr gut! Wenn Sie Fleisch oder Fisch braten, benutzen Sie eine beschichtete Pfanne. Lassen Sie diese sehr heiß werden, bevor Sie das Fleisch hinein geben und braten Sie es scharf an, damit sich die Poren schließen und es saftig bleibt. Oder geben Sie entweder etwas Wasser oder fettfreie Gemüsebrühe zum Anbraten von Knoblauch oder Zwiebeln etc. dazu.

Damit Ihnen das Trinken leichter fällt, kochen Sie sich am Morgen schon eine große Thermoskanne mit Tee, die Sie mit zur Arbeit nehmen. Das erspart ihnen Zeit, wenn Sie nicht jede Tasse einzeln aufbrühen müssen. Und trinken Sie dort Wasser und Tee im Wechsel. Damit das Wasser nicht so eintönig schmeckt, können sie eine 1L-Karaffe mit einem Stück Ingwer oder Limette, Gurke sowie Zitrone oder Orange oder eventuell 2-3 Blätter Zitronenmelisse oder Minze o.ä. ansetzten.

Tipp: Mittlerweile gibt es viele Produkte mit Stevia statt Zucker, wie z.B. Rotkohl, eingelegte saure Gurken usw.

Ausführliche Informationen findest du auf der Internetseite unter www.reset-me.info oder via E-Mail unter info@reset-me.info.

Die Rezepte...

Die Rezepte sind überwiegend auf extremer low carb und low fat Basis erstellt, und können nicht nur während der niederkalorischen Reduktionsphase sondern auch danach eine Bereicherung für die täglichen Mahlzeiten sein. Das Kochbuch habe ich zwar für den Reset geschrieben, jedoch können die Rezepte auch unabhängig davon als Ideenbörse genutzt werden. Falls du Kinder hast, können diese bedenkenlos diese Rezepte mitessen. Für normalgewichtigen Nachwuchs ergänzen Sie bitte (pro Person eine gestrichene Handvoll) Kartoffeln, Vollkornreis oder Vollkornnudeln, Hirse, Couscous oder ähnliches, denn ein sich im Wachstum befindender Organismus benötigt eine kleine Menge hochwertiger Kohlenhydrate.
Und nun lassen Sie sich inspirieren!

Kleine

Kräuter-Kunde

Basilikum

Das Basilikum hat einen süßlichen und kräftigen Duft, es erinnert etwas an Nelken. In getrockneter Form hat das Basilikum einen eher stumpfen und herben Geschmack. Basilikum eignet sich getrocknet und frisch als Gewürz, man kann es zum Beispiel Salaten beigeben, etwa einem Tomatensalat, es passt aber auch gut zu Eiergerichten, zu Nudeln und zu Gemüse. Des Weiteren passt Basilikum auch gut zu Fischgerichten, zu Geflügel, zu Kalb und Lamm. Basilikum passt besonders gut zu Salbei, Thymian, Rosmarin und Oregano. Basilikum regt den Appetit an, es beruhigt den Magen und fördert die Verdauung. Basilikum sollte man nicht mit kochen, sondern erst kurz vor Ende des Kochvorgangs beigeben!

Dill

Dill kann man in frischer Form oder getrocknet, als auch als gemahlene Samen kaufen. Dillblätter sollten besser frisch sein als getrocknet, sie schmecken dann besser. Dill kann man gut im Gefrierschrank einfrieren, dazu schneidet man ihn klein und friert ihn in einer Eiswürfelform ein. Frischer oder getrockneter Dill passt als Gewürz in Soßen, in Mayonnaise und in Remouladen. Ragouts und Fisch werden vom Dill verfeinert, auch Meeresfrüchte wie Krabben oder Hummer bekommen durch den Dill ein besonderes Aroma. Dill passt jedoch auch zu Gemüse, zu Gurken, zu Bohnen und in einen Salat. Dill mag große Hitze nicht besonders. Deshalb sollte man ihn nur kurz mit erwärmen, aber nicht kochen. Dill verträgt sich kaum mit anderen Gewürzen, außer mit Zwiebeln, Senf, mit Petersilie oder mit Knoblauch.

Kerbel

Kerbelblättchen haben einen süßen milden Duft und ein feines anisartiges, liebliches Aroma. Sie eignen sich besonders gut zur Zubereitung von Suppen, Kräuterbutter, Mayonnaisen, Dips, Kräuteressig, als würzige Ergänzung frischer Salate und in Dressings, in Quark und Frischkäse.

Koriander

Das Frische Kraut hat ein süßliches, Bergamotte ähnliches Aroma mit leicht würzig, kräftigem Nachgeschmack. Die frischen Blätter sind ein beliebtes Gewürz der asiatischen Küche. Sie werden fein gehackt über Suppen, Currys und Dhals (asiatische Linsengerichte) gestreut und verfeinern darüber hinaus Joghurtsoßen sowie Kräuterdips und Soßen. Die getrockneten Früchte der Korianderpflanze sind als Gewürz sogar noch verbreiteter als die frischen Blätter. Hierzulande nutzt man sie vor allem als Brotgewürz, für die Weihnachtsbäckerei zu Plätzchen und Lebkuchen oder auch für Desserts und Liköre. Gemahlene Korianderfrüchte finden sich in indische Marsala- und Curry-Mischungen und ganz oder gemahlen werden sie an Gemüse- und Reisgerichte gegeben. Besonders stark entfaltet sich das Aroma der Körner, wenn sie, im Mörser zerdrückt oder gemahlen, leicht angeröstet werden. Koriander ist auch ein wichtiger Bestandteil der ayurvedischen Küche.

Majoran

Der Geschmack ist stark würzig, auch etwas herb und sehr aromatisch. Majoran gibt es in Frischform oder getrocknet. Er schmeckt sehr intensiv, man sollte ihn vorsichtig einsetzen. Majoran verwendet man in Suppen, Salaten und Gemüsesoßen. Der getrocknete Majoran passt wunderbar in Wurst, wie zum Beispiel Bratwurst oder Blutwurst, aber auch zu gebratener Leber, in Leberknödel, in Eintöpfe, zu Bratkartoffeln und in eine leckere Kartoffelsuppe. Fleischgerichte mit Schwein, Lamm, Gans oder Ente kann man ebenso damit würzen. Und weil er so vielseitig ist, passt er auch zu Fisch, in Fleischsalat und zu Käse.

Minze

Sie hat einen bekannt aromatisch scharfen Duft und Geschmack, zur Zubereitung von erfrischenden Sommergetränken, für Suppen, Salate, Marinaden in englischer "Mintsoße" und in Gewürzessigen, vorsichtig dosieren, weil der Geschmack leicht dominiert.

Oregano

Man kann den Oregano in getrockneter Form oder auch frisch verwenden. In getrockneter Form wird er zermahlen oder gerebelt. Oregano hat einen intensiven Geschmack, deshalb vorsichtig dosieren. Er glänzt mit anderen Gewürzen, wie mit Thymian und Rosmarin. Zu Majoran passt er allerdings nicht! Der Oregano schmeckt erst richtig intensiv, wenn man ihn mindestens eine viertel Stunde mit kocht. Er kann aber auch in Suppen und Soßen glänzen, oder zu Schweine- oder Rindfleisch. Das Gewürz passt ebenso zu verschiedene Gemüsearten wie Auberginen und Zucchini, auch in Kartoffelspeisen oder in grünen Salat. In der Naturheilkunde gilt Oregano als ein krampflösendes Mittel, er hilft bei Appetitlosigkeit, bei Magen- und Gallenblasenleiden als auch bei Durchfall.

Petersilie

gibt es mit glatten oder krausen Blättern. Sie ist ein wahrer Vitamincocktail. Krause Petersilie darf man nicht mit kochen, sie büßt dadurch ihren Geschmack ein. Die glatte Petersilie hingegen verträgt die Hitze. Die Wurzel wird als gekochtes Gemüse verwendet. Glatte Petersilie verwelkt schnell, deshalb sollte man sie sofort ins Wasser stellen. Getrocknete Petersilie sollte man in luftdicht verschließbaren Behältnissen lagern oder klein gehackt einfrieren. Ideal für Vinaigrette, Soßen, Suppen und edle Speisen.

Rosmarin

Der intensive, würzige kampferartige Duft und der würzige leicht bitterliche Geschmack macht Rosmarin zu einem kräftigen Gewürz für herzhafte Kartoffelgerichte, Kräuterschmalz, herzhafte Eintöpfe, Bohnen, Quark, Käse und Marinaden für Fisch und Fleisch, in Essigen und Ölen. Es gibt vielen Gerichten erst das richtige Aroma. Doch darf man den Rosmarin nur sehr sparsam dosieren, denn seine Würzkraft ist enorm. Wenn man zu viel davon nimmt, überdeckt er alle anderen Geschmäcker.

Salbei

Man nimmt ihn besonders für Fleisch, Geflügel, Fisch, für Pasteten, auch für Salate oder Saucen. Salbei bitte nicht braten, da er sonst sein Aroma verliert, besser erst zum Schluss hinzu fügen. Man verwendet überwiegend junge zarte Blätter, denn je älter die Blätter sind, desto bitterer schmecken sie. Salbei kann auch gut getrocknet verwendet werden, da sich dadurch sein Aroma nicht verliert. In verschiedenen Kräuteressigsorten ist Salbei auch enthalten. Salbei ist verdauungsfördernd, wirkt desinfizierend, ist antibakteriell und fungizid, tötet also Bakterien und Pilze ab. Er harmoniert gut mit schwarzem Pfeffer, Sellerieblättern, Majoran, getrocknetem Ingwer, Petersilie, Thymian, Knoblauch, Liebstöckel, Paprika, Bohnenkraut, Kümmel und Lorbeer. Probieren Sie es aus!

Schnittlauch

sollte man möglichst frisch verwenden, um das volle Aroma zu erhalten. Man kann es aber auch einfrieren, um die Vitamine zu erhalten. Am besten passt es zu Suppen, Salaten, Kräuterbutter, Rührei und Saucen. Schnittlauch wirkt schleimlösend, antibakteriell und harntreibend und hat nebenbei eine positive Wirkung auf die Blutgefäße.

Thymian

Es gibt viele verschiedene Sorten von Thymian. Prüfen Sie durch Reiben der Blätter, ob, wie und wie stark sie duften. Er ist eines der wenigen Gewürze, die ein langes mit kochen vertragen können. Der Thymian verstärkt, wenn man ihn sparsam verwendet, den Geschmack anderer Kräuter. Er eignet sich zum Beispiel zu Eintöpfen, Kasserollen, Pasteten, Terrinen, Gemüsesuppen, Soßen, Marinaden und für Füllungen. Thymian passt gut zu Chili oder Zwiebel.

weitere Gewürze:

Cayennepfeffer

Dieses pikante Gewürz verleiht nicht nur Ihrem Essen Schärfe, es heizt auch Ihrem Körper ein und erhöht Ihren Stoffwechsel, damit Fett schneller verbrennt werden kann. Cayennepfeffer unterstützt die Heilung des Magengewebes, stimuliert die Verdauungsenzyme und kann vor Magengeschwüren schützen. Cayennepfeffer reduziert LDL-Cholesterin, den Triglyceridspiegel und die Entstehung schädlicher Blutgerinnsel, die Ursache von Herzinfarkten und Hirnschlägen sind. Es ist auch ein effektiver Entzündungshemmer und hilft bei Schmerzen wie z.B. bei Kopfschmerz, Arthrose, Muskelkater, bei verstopfter Nase und stärkt das Immunsystem. Versuchen Sie, Cayennepfeffer im Rührei, in der Suppe, im Eintopf oder auf Ihrem Fleisch, um Ihren Stoffwechsel etwas einzuheizen.

Ingwer

Ingwer besitzt eine desinfizierende Wirkung gegen Bakterien und Viren, wirkt durchblutungsfördernd, hemmt Erbrechen und Übelkeit, steigert die Produktion von Gallensaft und regt allgemein die Verdauung an. Er enthält über 25 verschiedene Antioxidantien, die die freien Radikale in Ihrem Körper bekämpfen.

Kümmel

Kümmel ist ein weiteres Gewürz, bei dem der Antioxidantienwert besonders hoch ist. Kümmel ist besonders gut bei Verdauungsproblemen. Er stimuliert die Gallenblase und den Pankreas. Kümmel hilft, den Körper zu entgiften und ist bei Atemproblemen wie Asthma und Bronchitis sehr effektiv. Kümmel ist wie Zimt, sehr unterstützend um den Blutzuckerspiegel stabil zu halten. Er hat gezeigt, dass er fast genauso gut wirkt wie einige Medikamente für Diabetiker, die das Insulin und Glykogen regulieren. Er ist auch ein guter Eisen-, Vitamin C- und Vitamin A -Lieferant und stärkt so das Immunsystem.

Zwiebeln

Die Zwiebel strotzt nur so vor Heilkräften. Sie ist u.a. antibakteriell, auswurffördernd, blutbildend, entzündungshemmend, krampflösend, etc. Rote Zwiebeln enthalten doppelt so viel Antioxidantien wie jede andere Art von Zwiebeln. Sie sind auch eine fantastische Chrom-Quelle, das den Blutzuckergehalt senkt und die Sensitivität der Zellen für Insulin stärkt. Die Schwefel-Gruppen in der Zwiebel senken außerdem den LDL-Spiegel sowie die Blutfettwerte, während sie den Gehalt des HDL-Cholesterins erhöhen.

Zimt

Zimt besitzt eines der höchsten Antioxidantienniveaus sämtlicher Gewürze. Zimt ist extrem effektiv, um den Blutzuckerhaushalt zu stabilisieren und ist sehr vorteilhaft für Diabetiker (Typ 1 und Typ 2). Ebenso wurde der LDL Cholesterinwert und der Triglyceridspiegel reduziert. Zimt hat auch wirkungsvolle anti-entzündliche Eigenschaften und hilft, Schmerzen und Steifheit in der Muskulatur und den Gelenken, inklusive Arthrose abzubauen. Er reduziert Entzündungen in den Blutgefäßen, die ansonsten zu Arterienverkalkung und Herzerkrankungen führen können. Zusätzlich hat Zimt antibakterielle und pilzbekämpfende Eigenschaften. Probieren Sie einmal Zimt in Ihren Smoothies, **im Joghurt, mit Beeren gemischt oder als gesunde Zutat in Ihrem Kaffee.**

Geeignete

Lebensmittel

KURZÜBERSICHT DER GEEIGNETEN LEBENSMITTEL

Proteine: (mittags & abends je 100-120g)

Rindfleisch: Filet, mageres Steak, Tartar, Roastbeef, Bündnerfleisch

Kalbfleisch: Filet, Schnitzel natur

Geflügel: Hühnerbrust, Hähnchenschnitzel, Putenschnitzel, Putenbrust

Fisch: weißer fettarmer Fisch, Kabeljau, Heilbutt, Dorade, Seezunge, Hecht

Meeresfrüchte: Scampi, Garnelen, Krabben, Hummer, Muscheln, Austern, Tintenfischringe

ebenfalls: gelegentlich 1 Ei, fettarmer Hüttenkäse, fettarmer Quark, fettarmer Joghurt, Thunfisch ohne Öl, Tofu, Lupineneiweiß, Seeteufel, Jakobsmuscheln, Harzer Käse

Vegetarier: können ihr Protein aus folgende Quellen nehmen: fettarmer Hüttenkäse, Magerquark, fettarmer Joghurt, Harzer Käse, Tofu, zur Not Eier

Veganer: können jegliche Joghurt, Quark oder Fleisch & Fischrezepte durch vielfältige pflanzliche Ersatzprodukte variieren. Ausführliche Infos sind auf Seite XY aufgelistet.

Nicht geeignet sind fettreiche Fleisch- und Fisch-, Käse- sowie Milchprodukt-Varianten.

Gemüse & Salat:

Salate: Eisbergsalat, Kopfsalat, Rucola, Feldsalat, Mangold

Pilze: Champignons, Shitake, Austernpilze, Kräutersaitlinge

Gemüse: Chicorée, Chinakohl, Fenchel, Frühlingszwiebeln, Paprikaschoten, Radieschen, Rotkohl, Salatgurke, Spargel, Spinat, Stangensellerie, Tomaten, Weißkohl, Zwiebeln

ebenfalls: Aubergine, Blumenkohl, Brokkoli, Grüne Bohnen, Grünkohl, Lauch, Knollensellerie, Kohlrabi, Petersilienwurzel, Rosenkohl, Wirsing, Zucchini

Nicht geeignet sind Gemüsesorten wie Bohnen, Erbsen, Linsen, … und Karotten.

Früchte & Obst: (2 Stück am Tag zu je ca. 100-150g)

Saurer Apfel, Orange, Grapefruit, Pomelo, Erdbeeren, Heidelbeeren, Rote Johannisbeeren, Papaya, Rhabarber, Birne, Himbeeren, Kirschen, Nektarinen, Mandarinen und Granatapfel

Je nach Jahreszeit dürfen auch tiefgekühlte Früchte (-Mischungen) ohne Zucker als Alternative genommen werden. Je reifer Früchte sind, desto mehr Fruchtzucker ist darin enthalten.

Viele andere Obstsorten enthalten zu viel Fruchtzucker und sind deshalb ungeeignet.

Getränke: (min. zwei bis drei Liter stilles Wasser)

Wasser: stilles Mineralwasser

Tee: Schwarzer Tee, Grüner Tee, Matetee, Kräutertee
Süßen bitte mit Stevia oder Erythriol (0 kcal)

Bitte keine Frucht- bzw. Obstsäfte, Limonaden, Milch oder Alkohol.

Gewürze & Süßungsmittel:

Süßungsmittel: Stevia, Erythriol oder Xylol

Salz: Himalaya-Salz oder Meersalz (kein Kochsalz - NaCl)

Essig: Apfelessig, Aceto Balsamico (ohne Zucker), Weißweinessig

Gewürze: Cayenne-Pfeffer, Curry, Dijon-Senf (ohne Zucker), Garam Marsala (indische Gewürzmischung), Kurkuma, fettfreie Gemüsebrühe, frische oder getrocknete oder tiefgekühlte grüne Kräuter, Ingwer, Kreuzkümmel, Meerrettich frisch oder aus dem Glas ohne Zucker, Paprikapulver, Pfeffer, Safran, Sambal Olek ohne Zucker, Soja-Soße ohne Zucker, Tabasco, Tomatenmark ohne Zucker, Wasabi (japanischer grüner Meerrettich), Zimt, Zitronenpfeffer, Zitronensaft

Frühstück

Frühstücksvarianten

Jedes Frühstücksezept ist für 1 Portion berechnet.

Obst (50-100 kcal)

1 Apfel oder 1 Orange oder 1 Grapefruit oder 2 Mandarinen oder 100g Erdbeeren oder 1 kleine Papaya oder 3-4 EL Beeren (Blaubeeren/Himbeeren/Johannisbeeren)

Joghurt # (120 kcal)

150g Naturjoghurt 0,1% Fett oder pflanzlicher Joghurt mit 1 Apfel oder 1 Orange oder 1 Grapefruit oder 2 Mandarinen oder 100g Erdbeeren oder 1 Papaya oder 2 EL Beeren (Blaubeeren/Himbeeren/Johannisbeeren).

Quark #(150 kcal)

150g Quark 0,1% oder pflanzlicher Quark mit 1 Apfel oder 1 Orange oder 1 Grapefruit oder 2 Mandarinen oder 100g Erdbeeren oder 1 Papaya oder 2-3 EL Beeren (Blaubeeren/Himbeeren/Johannisbeeren)

Löwenzahn Smoothie (85 kcal)

1/2 Apfel, 1/4 Salatgurke, 3 Zweige Petersilie und 5 Löwenzahnblätter, 5 Eiswürfel, 1-2 EL Zitronensaft, Mineralwasser zum Auffüllen. Alles klein schneiden und im Mixer pürieren, in ein großes Glas geben und mit Wasser auffüllen.

Gelber Smoothie (88 kcal)

1/2 Salatgurke, 1 kleine feste Birne, 5 Blätter Wegerich, 1 Prise Kurkuma, Pfeffer, 3 Eiswürfel, Mineralwasser zum Auffüllen. Alles klein schneiden und im Mixer pürieren, in ein großes Glas geben und mit Wasser auffüllen.

Roter Smoothie (80 kcal)

1 kleine gekochte rote Beete, 1 Zitrone, 1 kleiner Apfel, 3-5 Eiswürfel, Mineralwasser zum Auffüllen. Alles klein schneiden und im Mixer pürieren, in ein großes Glas geben und mit Wasser auffüllen.

Beerenshake mit Minze #(167 kcal)

200g angetaute TK-Beeren (ungezuckert), 1 TL gehackte Minze, 100g Joghurt Natur (0,1% Fett), 50-100ml Wasser. Alles im Mixer pürieren.

Papaya-Orangenshake (170 kcal)

1/2 Papaya, 1 Orange, 100g Magerquark (0,1% Fett), 50-100ml Wasser. Alles im Mixer pürieren.

Green Smoothie (92 kcal)

150g TK-Spinat, 5 große Erdbeeren, 1 kleine feste Birne, 5 Blätter Basilikum, 150 ml Wasser, 3 Eiswürfel, Wasser zum Auffüllen. Alles klein schneiden und im Mixer pürieren, in ein großes Glas geben und mit Wasser auffüllen.

Yellow Smoothie (88 kcal)

1/2 Salatgurke, 1 kleine feste Birne, 3 Weißkohlblätter, 1 Prise Kurkuma, Pfeffer, 3 Eiswürfel, Mineralwasser zum Auffüllen. Alles klein schneiden und im Mixer pürieren, in ein großes Glas geben und mit Mineralwasser auffüllen.

Rote Beete Smoothie (80 kcal)

1 kleine gekochte rote Beete, 1 Zitrone, 1 kleine Birne, etwas geriebener Meerrettich, 3-5 Eiswürfel, Mineralwasser zum Auffüllen. Alles klein schneiden und im Mixer pürieren, in ein großes Glas geben und mit Mineralwasser auffüllen.

Detox Grüner (72 kcal)

1 Birne, 1/2 Bund Petersilie, 50g Salat oder Grünkohlblätter, 1/4 Salatgurke, 5 Löwenzahnblätter, 1-2 EL Zitronensaft, 5 Eiswürfel. Alles klein schneiden und im Mixer pürieren, in ein großes Glas geben und mit Wasser auffüllen.

Red Smoothie (82 kcal)

1 kleine gekochte rote Beete, Saft von 1 Orange, 1 Handvoll Salat, 1 Stück Ingwer, etwas Chilipulver, 3-5 Eiswürfel, ca. 150ml Wasser zum Auffüllen. Alles klein schneiden und im Mixer pürieren, in ein großes Glas geben.

Orange-Smoothie (89 kcal)

1/2 Papaya, 1/2 Saft-Orange, 1/2 Salatgurke, 6 Blätter junger Löwenzahn oder Feldsalat, 3 Eiswürfel. Alles klein schneiden, Orange auspressen und gemeinsam im Mixer pürieren, mit Wasser auffüllen und in ein großes Glas geben.

Gelber Smoothie (93 kcal)

1/2 Orange, 1 Nektarine, 50 g gemischter Salat, 0,5 cm frischen Ingwer, 3 Eiswürfel, Wasser zum Auffüllen. Alles klein schneiden und im Mixer pürieren, in ein großes Glas geben und ggf. mit Wasser auffüllen.

Blauer Smoothie (88 kcal)

100g Blaubeeren, 5 große Erdbeeren, 4 Minzeblätter, 3 Eiswürfel, Wasser zum Auffüllen. Alles klein schneiden und im Mixer pürieren, in ein großes Glas geben und mit Wasser auffüllen.

Spinat-Smoothie (78 kcal)

1/2 Salatgurke, 1 kleine feste Birne, 2 handvoll Spinat, 1/2 Orange, Wasser zum Auffüllen. Alles klein schneiden, im Mixer pürieren und in ein großes Glas geben und mit Wasser auffüllen.

Giersch Smoothie (89 kcal)

1,5 handvoll Giersch, 1 handvoll (Feld-)Salat 1 Apfel, 1 Nektarine, Wasser zum Auffüllen. Alles klein schneiden und im Mixer pürieren, in ein großes Glas geben und mit Mineralwasser auffüllen.

RMZ- Smoothie (69 kcal)

2 handvoll Rucola, 4 Blätter Minze, 4 Blätter Zitronenmelisse und Wasser zum Auffüllen. Alles klein schneiden und im Mixer pürieren, in ein großes Glas geben und mit Wasser auffüllen.

Him-Bi-Smoo #(90 kcal)

1 Birne, 125g Himbeeren, 50g Quark, 100ml Wasser. Birne klein schneiden und mit Himbeeren, Wasser und Quark im Mixer pürieren. Sofort servieren.

Smoothie (79 kcal)

1,5 handvoll Feldsalat, 3 Blätter Weißkohl, 1/3 Salatgurke, 1 Apfel, 2 TL Zitronensaft, Wasser zum Auffüllen. Alles klein schneiden und im Mixer pürieren, in ein großes Glas geben und mit Wasser auffüllen.

Eiersalat (200 kcal)

1 Ei, 4 Cherrytomaten, 1-2 Lauchzwiebeln, 100g Fettarmer Hüttenkäse, 1 TL Senf, Salz, Pfeffer & Kräuter

Omelette mit Kresse und Tomaten (150 kcal)

150g Cocktailtomaten, 1 Ei, 1 EL Mineralwasser, 1 Schalotte, 1 EL Kresse, Salz & Pfeffer

Hüttenkäse deftig #(150 kcal)

100g fettarmer Hüttenkäse, 1 gelbe Paprika, 5 Cocktailtomaten, 2 Lauchzwiebeln, 4-5 Blätter Basilikum, Salz & Pfeffer

Birnengratin mit körnigem Frischkäse # (152 kcal)

100g körniger Frischkäse, 1 Birne, 1/2 TL Erythriol, 1 Prise Zimt
Die Birne in kleine Würfel schneiden, mit dem Süßungsmittel und dem Zimt verrühren und in einer Auflaufform im Backofen 5-10 Minuten bei 200 Grad Umluft garen bis die Oberfläche leicht gebräunt ist. Noch warm verzehren.

Hüttenkäse süß # (150kcal)

100g Hüttenkäse,
1 Spritzer Zitrone,
1 Apfel (gekocht in etwas Wasser), Zimt, wenig Stevia oder Erythriol oder wenn es schnell gehen muss - ungesüßtes Bio-Apfelmus. Apfel mit Zimt und Zitrone und ggf. Süßungsmittel verrühren und kurz aufkochen. Entweder Hüttenkäse und Apfelmus im Glas schichten. Oder alles in einer Schüssel miteinander verrühren.

Salatdressing und Salate

Dressingvarianten für Salate

Joghurt-Dressing # 1-2 TL Joghurt 0,1% mit 1-2 TL Zitronensaft oder Essig und Kräutern (frisch oder getrocknet), Salz, Pfeffer

French Dressing: 100ml Gemüsebrühe, 2 TL Zitronensaft, 2 TL Apfelessig, Salz & Pfeffer, 1/4 TL Dijon-Senf (zuckerfrei), 1/4 TL Meerrettich, Cayennepfeffer, evtl. Süßungsmittel; alles bei niedriger Hitze kurz erwärmen

Vinaigrette: 1 EL Weißweinessig, 1 EL Zitronensaft,1 Knoblauchzehe, 1 kleine rote Zwiebel, Salz, Pfeffer, Kräuter (Petersilie, Schnittlauch, Dill, etc.)

Dressing mit Senf 1/2 TL Senf, 1 1/2 EL weißer Balsamico, 1 EL Sojasoße, Salz & Pfeffer

Dill-Dressing 1-2 TL Joghurt oder Quark 0,1% oder pflanzliche Variante mit 1-2 TL Zitronensaft und gehackter frischer Dill sowie Salz und Pfeffer

Die Menge bezieht sich immer auf 1 Portion. Sollte das Dressing zu wenig sein, kann es mit 1-2 EL Wasser gestreckt werden. Kaufen Sie sich verschiedene Essigsorten ohne Zucker wie z.B. Balsamico-Essig, Himbeeressig, diverse Kräuteressige, etc., das bringt etwas Geschmacksvariationen in den Salat. Weitere Dressings finden Sie bei den Rezepten.

Tipp: Mischen Sie gleich größere Mengen Ihres Lieblingsdressings - in einer dunkeln Flasche hält es im Kühlschrank ca. 7-10 Tage, um Zeit zusparen!

Alle folgenden Rezepte sind jeweils für 2 Personen.

Tomatensalat*#

2 Portionen, 55 kcal pro Portion

Zutaten
500g Strauchtomaten
1 rote Zwiebel
1/2 Bund Basilikum
1 TL Weißweinessig
2 TL Zitronensaft
Salz & Pfeffer

Tomaten achteln, Zwiebel in Würfel schneiden. Basilikum hacken und mit Zitronensaft, Essig, Salz & Pfeffer mischen. Tomaten und Zwiebeln in eine Schüssel geben und mit der Vinaigrette gut mischen.

Variante
Schmeckt auch mit Kräutern wie Schnittlauch oder Petersilie

Gurkensalat*#

2 Portionen, 61 kcal pro Portion

Zutaten
2 Schlangengurken
1/2 Bund Dill
1 TL Weißer Balsamico
2 EL Joghurt 1,5% Fett
Salz & Pfeffer

Gurke in Scheiben oder Würfel schneiden.
Dill hacken und mit Balsamico, Joghurt, Salz & Pfeffer mischen. Alles in eine Schüssel geben und mit dem Dressing mischen.

Variante
Schmeckt auch mit Kräutern wie Schnittlauch oder Petersilie

Grüner Salat*#

2 Portionen, 69 kcal pro Portion

Zutaten
1/2 Kopf grüner Salat
2 EL Zitronensaft
1 kleine rote Zwiebel
1 TL Senf
2 EL Essig
4 EL Kräuter
(Petersilie, Schnittlauch)
Salz & Pfeffer

Den Salat waschen und trocknen und in kleinere Stücke zupfen oder schneiden. Den Zitronensaft mit Essig, Senf und den Kräutern mischen, Zwiebel hacken und auch einrühren.

Variante
Der Salat kann mit Tomaten, Salatgurken, Paprikascheiben, etc. variiert werden. Gemischte Tiefkühlkräuter sind eine Alternative.

Lauwarmer Pilzsalat

2 Portionen, 62 kcal pro Portion

Zutaten
200g gemischte Pilze
(Kräutersaitling, braune
Champignons, Shitaktepilze)
150g Blattsalate
1 Schalotte
1 Zitrone
1 Thymianzweig
1 Knoblauchzehe
2 EL Apfelessig
Salz & Pfeffer

Von der Zitrone die Schale hobeln und dann auspressen. Pilze putzen und ggf. halbieren. Schalotte und Knoblauch fein würfeln und mit etwas Brühe anbraten. Thymian abzupfen und mit den Pilzen zusammen in die Pfanne geben und 3 Minuten mit braten. Den Zitronenabrieb und 1 EL Saft zugeben. Salzen und Pfeffern.

Den Salat waschen, trocknen und auf 2 Tellern verteilen. Die Pilzmischung darauf verteilen.

Variante
Schmeckt auch mit fettarmen angebratenen Schinkenwürfeln.

Lauch-Dip*#

2 Portionen, 139 kcal pro Portion

Zutaten
1 Stange Lauch
150g Quark
100g Joghurt
1 Knoblauch
1 EL Zitronensaft
1 Prise Paprikapulver
Salz & Pfeffer

Den Knoblauch pressen. Die Stange Lauch putzen, längs halbieren, waschen und das Weiße sehr fein schneiden. Quark und Joghurt mit Zitrone glatt rühren und Knoblauch sowie Lauch unterheben. Mit Salz, Pfeffer und edelsüßem Paprikapulver würzig abschmecken.

Bunter Salat*#

2 Portionen, 125 kcal pro Portion

Zutaten
1 Blumenkohl
1 Tomate
1/2 Gurke
1/2 gelbe Paprika
1 hartgekochtes Ei
50 g Frischkäse
2 EL Zitronensaft
1 kleine rote Zwiebel
1 Prise Muskat
Salz & Pfeffer

Den Blumenkohl waschen, in kleine Röschen teilen und 10 bis 15 Minuten in Salzwasser mit einem Spritzer Zitronensaft garen. Anschließend in eiskaltes Wasser legen. Gurke, Tomate, Zwiebel Ei & Paprika in Würfel schneiden. Das Ei und die Zwiebel mit dem Frischkäse und dem restlichen Zitronensaft verrühren und mit Salz, Pfeffer und Muskat würzen. Das Gemüse auf einem Teller anrichten und das Dressing darüber verteilen.

Variante
Das Rezept funktioniert auch mit Brokkoli, Zucchini oder Knollensellerie.

Hüttenkäse mit Rohkost*#

2 Portionen, 115 kcal pro Portion

Zutaten
200g fettarmer Hüttenkäse
  (0,4% Fett)
1 kleine rote Paprika
1/2 Gurke
1/2 Bund Petersilie

Den Hüttenkäse in eine Schüssel geben. Paprika und Gurke in kleine Würfel schneiden, die Kräuter klein hacken. Alles zum Hüttenkäse geben und mit Salz & Pfeffer vermischen.

Variante
Auch andere Kräuter und Gemüse wie Fenchel, Kohlrabi, Stangensellerie oder Frühlingszwiebeln passen gut dazu.
In Phase 4 können auch gewürfelte Karotten und 1 EL Olivenöl ergänzt werden.

Fenchelsalat mit Orangen*#

2 Portionen, 137 kcal pro Portion

Zutaten
2 Fenchelknollen
1 kleine Orange
1 EL Orangensaft
1 Bund Petersilie
1 EL Balsamico bianco
Salz & Pfeffer

Den Fenchel waschen und in Streifen schneiden, das Fenchelgrün beiseitelegen.
Orange filetieren und in kleine Würfel schneiden. Beides auf einem Teller arrangieren. Die Kräuter klein hacken.

Variante
Auch andere Kräuter und Gemüse wie Kohlrabi oder Frühlingszwiebeln passen gut dazu. In Phase 4 können auch gewürfelte Karotten und 1 EL Olivenöl ergänzt werden.

Gurken-Sprossensalat an Joghurt-Chilli-Dressing*#

2 Portionen, 101 kcal pro Portion

Zutaten
2 Salatgurken
1 Hand voll Sprossen
(Rettich, Radieschen, Rote Beete)
150g Joghurt
1 rote Chillischote
1-2 EL Zitronensaft
2 EL weißer Balsamico
1 Prise Stevia
Salz & Pfeffer

Gurken auf dem Hobel längs in dünne Streifen hobeln. Chilli längs halbieren und Kerne ausschaben. Das Fruchtfleisch möglichst klein würfeln.
Joghurt mit Essig und Zitronensaft glatt rühren. Nach Belieben 2 EL kaltes Wasser unterrühren. Die Chilliwürfel zugeben und das Dressing mit Salz, Pfeffer & Stevia abschmecken.
Mit den Gurken vermengen und auf Tellern angerichtet mit den Sprossen und frischem Pfeffer garnieren.

Rote Beete-Salat*#

2 Portionen, 97 kcal pro Portion

Zutaten
400g gekochte Rote Beete
2-3 EL frischer Meerrettich
2 EL Erythriol
Salz & Pfeffer

Rote Beete in Streifen schneiden oder würfeln, Meerrettich raspeln, mit Salz & Pfeffer abschmecken und alles mit dem Erythriol vermischen.

Variante
In Phase 4 können auch Apfelspalten und Walnüsse ergänzt werden.

Lauwarmer Bohnensalat

2 Portionen, 95 kcal pro Portion

Zutaten
250g Buschbohnen
2 große Tomaten
1 rote Zwiebel
1 TL Senf
1 Knoblauchzehe
2 EL Balsamico-Essig
etwas Streusüße
evtl. essbare Blüten
Salz & Pfeffer

Bohnen putzen und in kochendem Wasser 10-15 Minuten bissfest garen und gut abtropfen lassen. In einer Schüssel den Balsamico mit 1 EL Wasser, Salz, Pfeffer, Senf und Streusüße verrühren.
Tomaten und Zwiebeln in kleine Würfel schneiden und mit dem gepressten Knoblauch in die Balsamico-Vinaigrette geben. Die noch warmen Bohnen damit übergießen und gut durchmischen.

Variante
Essbare Blüten darüber streuen. In Phase 4 kann gewürfelter fettarmer Fetakäse oder Ziegenkäsebällchen ergänzt werden.

Paprika-Fenchel-Salat*#

2 Portionen, 98 kcal pro Portion

Zutaten
2 rote Paprika
2 Fenchelknollen
1 EL Weißweinessig
Salz & Pfeffer

Paprika waschen, vierteln und in ganz dünne Scheiben schneiden. Fenchel putzen, vierteln, den Strunk herausschneiden, in hauchdünne Scheibchen schneiden. Das Fenchelgrün unbedingt aufheben. Paprika und Fenchel mischen, aus Salz, Pfeffer, Stevia und Essig eine Marinade bereiten. Mit den Salatzutaten mischen, durchziehen lassen. Vor dem Servieren mit dem Fenchelgrün bestreuen.

Variante
Vor dem Servieren mit 1 EL Naturjoghurt 1,5% Fett vermischen und mit dem Fenchelgrün bestreut servieren.

Lauwarmer Lauch-Pilzsalat

2 Portionen, 105 kcal pro Portion

Zutaten
2 Stangen Lauch
250g brauche Champignons
2 Schalotten
1/2 Bund Petersilie
2 EL Balsamico-Essig
evtl. etwas Streusüße
Salz & Pfeffer

Lauch putzen, längs aufschneiden und waschen und danach in dünne Scheiben schneiden.
Die Pilze putzen und vierteln.
Die Schalotten schälen und fein würfeln. Petersilie fein hacken.
Schalotten und Lauch unter Zugabe von etwas Wasser glasig dünsten. Pilze zugeben und 3 bis 5 Minuten mit braten.
Mit Balsamicoessig und Petersilie sowie Salz und Pfeffer würzen und ggf. etwas Streusüße abschmecken, dann alles gut durchmischen. Den Salat noch lauwarm servieren.

Petersilien-Salat*#

2 Portionen, 81 kcal pro Portion

Zutaten
1-2 Bund glatte Petersilie
1 große Tomate
1 Bauerngurke
1 kleine rote Zwiebel
Saft von 1 Zitrone
2 EL fettfreie Gemüsebrühe
gemahlener Koriander
Salz & Pfeffer

Petersilie waschen und klein schneiden. Tomate, Gurke und Zwiebel in kleine Würfel schneiden. Mit Zitronensaft, Brühe, Salz, Pfeffer und Koriander zu einer Marinade anrühren. Danach Tomate, Gurke und Zwiebel unterrühren. Die Petersilie erst kurz vor dem Servieren unterheben, da sie sonst sehr zusammenfällt.

Brokkoli-Rohkostsalat*#

2 Portionen, 186 kcal pro Portion

Zutaten
300g Brokkoli
2 rote Paprika
1 Apfel
2 EL Weißweinessig
2 EL Zitronensaft
3 EL fettfreie Gemüsebrühe
1 EL Senf
Paprikapulver
Salz & Pfeffer

Den Brokkoli putzen, waschen und in kleine Röschen teilen. Paprikaschoten und Apfel fein würfeln.

Essig, Senf, Gemüsebrühe, Salz & Pfeffer zu einem Dressing vermengen.

Die Salatzutaten mit dem Dressing vermengen, gut durchziehen lassen und gekühlt servieren.

Weißkohlsalat*#

2 Portionen, 164 kcal pro Portion

Zutaten
250g Weißkohl
2 Äpfel
2 EL Apfelessig
¼ EL Stevia
4 EL fettfreie Gemüsebrühe
50g fettarmer Joghurt
1 EL geriebener Meerrettich
½ TL Kümmel
Salz & Pfeffer

Den Kohl putzen, in feine Streifen schneiden und in Salzwasser blanchieren, abgießen und abtropfen lassen. Den Apfel sehr fein würfeln.

Für das Dressing Gemüsebrühe, Essig, Stevia, Joghurt und den Meerrettich mit Salz & Pfeffer gut verrühren.

Die Salatzutaten mit dem Dressing vermengen, gut durchziehen lassen und servieren.

Rote-Bete-Salat an geräucherter Forelle*

2 Portionen, 217 kcal pro Portion

Zutaten
200g gekochte Rote Beete
150g geräuchertes Forellenfilet
1 Lauchstange
1/2 Bund Koriander
25g frischer Meerrettich
1 EL Balsamicoessig
50g Quark 0,2% Fett
Salz & Pfeffer

Die Rote Beete Knollen in Würfel schneiden und mit Salz, Pfeffer und Balsamico marinieren.
Lauch putzen, in Scheiben schneiden und in einem Topf mit Wasser ca. 15 Minuten garen. Die Haut der Forelle abziehen und eventuelle Gräten entfernen. Filets in kleine Stücke schneiden. Korianderblätter abzupfen. Meerrettich schälen und raspeln. Forelle mit den Rote-Beete-Würfeln anrichten, jeweils 1 großen Löffel Quark auf die Rote-Beete geben und mit reichlich Koriander und Meerrettich garnieren.

Krabbensalat*

2 Portionen, 232 kcal pro Portion

Zutaten
250g Krabben
2 Tomaten
2 rote Paprika
2 Stangen Staudensellerie
1 Schalotte
2 EL Weißweinessig
1 EL Zitronensaft
1 EL gehacktes Koriandergrün
Cayennepfeffer
Salz & Pfeffer

Die Tomaten etwa 30 Sek mit heißem Wasser überbrühen, häuten und in kleine Würfel schneiden.
Paprika waschen, Kerne entfernen und ebenfalls in kleine Würfel schneiden. Sellerie waschen und in dünne Scheiben schneiden.
Alle Zutaten vermengen und mit Salz, Essig und Cayennepfeffer abschmecken und mit Koriander bestreut servieren.

Nüsslisalat mit Apfel & Schinken*

2 Portionen, 100 kcal pro Portion

Zutaten
150-200g Feldsalat
100 g fettarme Schinkenwürfel
1/2 Apfel
1 Schalotte
1/2 Zitrone
2 EL Apfelessig
1 Prise Stevia
Salz & Pfeffer

Die Zitrone auspressen.
Den Apfel in feine Spalten schneiden und mit etwas Zitronensaft beträufeln. Zwiebel fein raspeln und mit Essig, Zitronensaft, Salz & Pfeffer und Stevia vermischen.

Den Feldsalat waschen und trocken schleudern. Den Schinken in der Pfanne knusprig braten. Den Salat mit den Apfelspalten auf Tellern anrichten und mit Dressing beträufeln. Den Schinken darüber streuen.

Vielfahrer-Salat*

2 Portionen, 98 kcal pro Portion

Zutaten
300g Gemüse
(Paprika, Kohlrabi, etc.)
1 kleine rote Zwiebel
1 kleine Dose Thunfisch in Saft
Salz & Pfeffer

Das Gemüse und die Zwiebel würfeln oder in Streifen schneiden, in eine Tupper-Schüssel zum Mitnehmen füllen. Ggf. eine Gabel mit in die Schüssel legen. Die Dose Thunfisch ebenfalls mitnehmen. Vor dem Verzehr den Thunfisch mit Saft über das Gemüse schütten und alles gut vermischen. Mit Salz & Pfeffer würzen.

Variante
Für den Rohkostsalat können verschiedene Gemüse verwendet werden. z.B. Fenchel, Selleriestreifen, Gurke, Schnittlauch in Ringen oder gehackte Petersilie.

Rucola-Estragon-Salat*#

2 Portionen, 88 kcal pro Portion

Zutaten
250g Rucola
1 Bund Estragon
1 kleine rote Zwiebel
100g Tomaten
100g Joghurt 1,5% Fett
2El Balsamico bianco
Salz & Pfeffer

Zwiebel fein würfeln. Mit Essig beträufeln und 15 Minuten marinieren.
Rucola putzen, Estragon waschen und von den Stielen zupfen, Tomaten klein schneiden. Joghurt mit Salz, Pfeffer und der Marinade der Zwiebel abschmecken. Rucola und Estragon, Tomaten und marinierte Zwiebeln in eine Schüssel geben, Joghurtsoße darüber verteilen und alles vermengen, dann auf Tellern anrichten.

Variante
In Phase 4 können auch kernlose Trauben und Parmesan-Späne ergänzt werden.

Gurkencarpaccio*#

2 Portionen, 85 kcal pro Portion

Zutaten
1 Salatgurke
150g körniger Frischkäse
1 rote oder gelbe Paprika
1 Bund Schnittlauch
Salz & Pfeffer

Die Salatgurke in Scheiben hobeln. Paprika fein würfeln und Schnittlauch in Ringe schneiden. Die Gurkenscheiben gleichmäßig auf einem Teller verteilen.
Den körnigen Frischkäse mit Salz & Pfeffer würzen und mit den Paprikawürfeln vermischen und anschließend über den Gurkenscheiben verteilen .

Birnen-Frischkäse Dip*#

2 Portionen, 140 kcal pro Portion

Zutaten
4-6 Stangesellerie
1 Birne
125g Frischkäse

Den Sellerie in Streifen schneiden. Birne schälen, Kerne entfernen und raspeln. Frischkäse und Birnenraspel vermengen. Evtl. mit etwas Pfeffer würzen.

Lauch-Dip*#

2 Portionen, 182 kcal pro Portion

Zutaten
1 Stange Lauch
150g Quark
100g Joghurt
1 Knoblauch
1 EL Zitronensaft
1 Prise Paprikapulver
Salz & Pfeffer

Den Knoblauch pressen. Die Stange Lauch putzen, längs halbieren, waschen und das Weiße sehr fein schneiden. Quark und Joghurt mit Zitrone glatt rühren und Knoblauch sowie Lauch unterheben. Mit Salz, Pfeffer und edelsüßem Paprikapulver würzig abschmecken.

Hüttenkäse Dip 1*

2 Portionen, 138 kcal pro Portion

Zutaten
150g Hüttenkäse
100g Naturjoghurt
2 Knoblauchzehen
2 EL italienische TK-Kräuter
Salz & Pfeffer

Den Knoblauch pressen. Dann alles in eine Schüssel geben und glatt rühren und Knoblauch sowie Lauch unterheben. Mit Salz, Pfeffer und edelsüßem Paprikapulver würzig abschmecken.

Hüttenkäse-Dip 2*#

2 Portionen, 115 kcal pro Portion

Zutaten
1 Bund Schnittlauch
200g Hüttenkäse
1 EL Senf
1/2 TL Paprikapulver
1 Schalotte
Salz & Pfeffer

Den Schnittlauch hacken und Schalotte fein würfeln. Mit Senf und Hüttenkäse vermengen. Mit Salz, Pfeffer und edelsüßem Paprikapulver würzig abschmecken.

Thunfischsalat*#

2 Portionen, 205 kcal pro Portion

Zutaten
1 Bund Rucola
200 g Tomaten
100 g gelbe Paprika
1 Zwiebel
1 TL Senf
1 Knoblauch
2 EL Weißweinessig
50 ml fettfreie Gemüsebrühe
1 Dose Thunfisch in Saft
Salz & Pfeffer

Rucola waschen und abtropfen lassen. Tomaten und Paprika klein würfeln, Zwiebeln in dünne Scheiben schneiden.

Essig und Gemüsebrühe mit Senf verquirlen und Knoblauch dazu pressen. Mit Salz & Pfeffer würzen. ¼ Thunfisch untermischen.

Den Rucola auf 2 Teller aufteilen und Tomaten und Paprika darauf verstreuen. Den restlichen Thunfisch auf beide Teller geben und mit dem Dressing beträufeln.

Kräuterquark*#

2 Portionen, 82 kcal pro Portion

Zutaten
100g Magerquark
100g Joghurt 1,5%
1 Salatgurke
1-2 Knoblauchzehe
1 Bund Petersilie
Salz & Pfeffer

Gurke vierteln, und 1 Viertel hobeln. Zu den Gurkenhobeln Quark & Joghurt geben und mischen. Den Knoblauch in den Quark pressen, die Kräuter fein hacken und ebenfalls in den Quark geben. Mit Salz & Pfeffer abschmecken. Die restliche Gurke in Scheiben schneiden, auf Tellern anrichten und mit Kräuterquark servieren.

Variante
Schmeckt auch mit Kräutern wie Rosmarin, Dill, Koriander, Schnittlauch, Zitrone. Wenn es schnell gehen soll, kann man auch gemischte TK-Kräuter nehmen. Lecker auch als Dip zu Paprika-, Kohlrabi-, Fenchel- & Gurkenspalten oder anderem Gemüse.

Zitronenquark*#

1 Portionen, 160 kcal pro Portion

Zutaten
250g Naturquark
1/2 Bund Schnittlauch
1-2 EL Zitronensaft
Salz & Pfeffer

Den Schnittlauch klein hacken. Quark mit Zitronensaft verrühren. Alle Zutaten in eine Schüssel geben und vermischen.
Den Quark kann man auch ohne Zitrone oder mit Petersilie oder anderen Kräutern anrichten.

Omelett

2 Portionen, 281 kcal pro Portion

Zutaten
3 Eier
1/2 Zwiebel
50g Hüttenkäse (0,% Fett)
1/2 Paprika
etwas frische Kresse
Kräuter (1/2 Bund Schnittlauch)
Salz & Pfeffer

Klein gewürfelte Zwiebel in eine Pfanne geben und mit etwas Wasser dünsten, bis sie glasig ist. Paprika klein würfeln. Eier mit Hüttenkäse und Kräutern und Salz & Pfeffer und der Paprika verrühren. Dann alles in die Pfanne gießen und stocken lassen. Mit Pfeffer und mit frischer Kresse bestreuen.

Variante
Statt Zwiebeln können auch 2 Frühlingszwiebeln genommen werden.
Es können Spargel oder Pilze in das Omelette geschnitten werden. Oder Petersilie, oder andere Kräuter ergänzt werden. Oder für eine asiatische Variante 100g Scampi & 100g Mungosprossen & 2 EL Sojasoße.

Spargel-Putenbruströllchen*

1 Portionen, 146 kcal pro Portion

Zutaten
205g Spargel im Glas
100g Putenbrustaufschnitt

Den Spargel abgießen. Jeden Spargel mit 1 Scheibe Putenbrust ummanteln und fächerförmig auf einem Teller anrichten.
Schmeckt gut mit einem grünen oder gemischten Salat.

Suppen

SUPPEN

Um die Suppen aufzuwerten, können 100g frische Shrimps, 100g Rindfleisch- oder Hähnchenbrustfilet in Streifen oder 100g Fisch fettfrei in der Pfanne gebraten und in die Suppe gegeben werden.

Tomaten-Bouillabaisse

2 Portionen, 200 kcal pro Portion
Zutaten
250g Fleischtomaten
1 Zwiebel
1 Knoblauch
500 ml fettfreie Gemüsebrühe
1 Zweig Thymian
1 Zweig Rosmarin
1 gelbe Paprika
125 g Kirschtomaten
2 große Garnelen
250g Fischfilets
(z.B. Kabeljau, Seelachs)
1 EL Zitronensaft
1/2 Bund Petersilie
Salz & Pfeffer

Fleischtomaten grob würfeln, in einen Topf geben und mit der Brühe 10 Minuten kochen. Dann durch ein Sieb streichen.

Zwiebel in Streifen und Knoblauch in Würfel schneiden. Kräuter fein hacken, Paprika in Würfel schneiden. Kirschtomaten halbieren.
Zwiebel, Knoblauch, Kräuter und Paprika in einem großen Topf andünsten. Salzen & Pfeffern und 5 Minuten köcheln lassen.

Inzwischen bei den Garnelen den schwarzen Darm entfernen und die Fischfilets in Würfel schneiden. Alles salzen und pfeffern und mit den Kirschtomaten in die Suppe geben. Bei niedriger Temperatur ca. 5 Minuten ziehen lassen. Mit Zitronensaft abschmecken und mit gehackter Petersilie bestreuen.

Blumenkohlsuppe

2 Portionen, 90 kcal pro Portion
Zutaten
1/2 Blumenkohl
1 kleine Zwiebel
500 ml fettfreie Gemüsebrühe
1 Zitrone
50g Frischkäse (0,2% Fett)
1/2 Bund Kerbel
Salz & Pfeffer

Zwiebel schneiden und in einen Topf geben und mit etwas Wasser dünsten, bis sie glasig ist.
Gemüsebrühe und Blumenkohl in Röschen zerkleinert hinzugeben und 15 Minuten kochen lassen.
Die Zitrone auspressen und den Kerbel bis auf zwei Stiele klein hacken. Den Herd ausstellen, den Frischkäse in die Suppe geben und pürieren. Anschließend den Zitronensaft, den Kerbel sowie Salz & Pfeffer hinzugeben und abschmecken. Mit den Kerbelstielen garnieren.

Variante
Die Suppe lässt sich auch mit 2 Kohlrabi, 8 Rosenkohl oder 2 Fenchel oder 2 Stangen Lauch zubereiten. Und als weitere Variante kann 1 Prise Muskatnuss ergänzt werden.

Zitroniges Spinatschaumsüppchen

2 Portionen, 121 kcal pro Portion

Zutaten
250g Spinat
1 kleine Zwiebel
1 Knoblauch
500 ml fettfreie Gemüsebrühe
2 Zitronen
1 Stück Ingwer gehackt (2 cm)
100g Frischkäse (0,2% Fett)
1 Bund Frühlingszwiebeln
1 Prise Muskat
Salz & Pfeffer

Den Spinat in grobe Stücke teilen oder TK-Spinat abwiegen.

Zwiebel würfeln, in einen Topf geben und mit etwas Wasser dünsten bis sie glasig ist. Knoblauch pressen, Ingwer würfeln, Zitronenschale raspeln. 3/4 der Zitronenschalen mit den anderen Zutaten in die Pfanne geben. Dann mit Brühe ablöschen und köcheln lassen.

Die Frühlingszwiebeln in kleine Röllchen schneiden und 3/4 der Röllchen mit dem Spinat in die Brühe geben. Wenn der Spinat zusammen gefallen ist den Frischkäse zufügen und die Mischung pürieren, mit Salz, Pfeffer, Zitronensaft und Muskat würzen und sofort in Teller füllen. Die restlichen Frühlingszwiebeln in der Mitte dekorieren und die Zitronenschale drüber streuen.

Brokkolicremesuppe

2 Portionen, 98 kcal pro Portion

Zutaten
1 Brokkoli
1 kleine Zwiebel
500 ml fettfreie Gemüsebrühe
100g Frischkäse (0,2% Fett)
1/2 Bund Petersilie
1 Prise Muskat
Salz & Pfeffer

Zwiebel würfeln und in einen Topf geben und mit etwas Wasser glasig dünsten. Gemüsebrühe und Brokkoli hinzugeben und weitere 10 Minuten kochen lassen. Die Petersilie klein hacken. Den Herd ausstellen, den Frischkäse in die Suppe geben und pürieren. Anschließend Muskat und Petersilie sowie Salz & Pfeffer hinzugeben und abschmecken. Mit etwas Petersilie garnieren.

Variante
Statt Petersilie kann auch frische Kresse benutzt werden. Die Suppe schmeckt ebenfalls mit Zucchini, Rosenkohl, Sellerie (Knolle) oder Kohlrabi.

scharfe Tomatensuppe (kalt)*#

2 Portionen, 100 kcal pro Portion

Zutaten
300g Tomaten
300ml fettfreie Gemüsebrühe
1 getrocknete Chillischote
2 TL getr. Kräuter der Provence
1 EL Zitronensaft
1 Zweig Rosmarin
2 Zweige Basilikum Salz & Pfeffer

Tomaten mit Salz, Pfeffer, Chilli, getrockneten Kräutern, Gemüsebrühe und Zitronensaft pürieren.
Suppe auf 2 Tellern verteilen, Basilikumblätter klein schneiden und unterrühren, Rosmarinnadeln abstreifen und darauf verteilen.

Variante
Wer lieber eine milde Suppe mag, lässt das Chilli weg.
In Phase 4 können Holzspieße mit Mozzarellakugeln & Oliven ergänzt werden.

Lauchschaumsuppe

2 Portionen, 95 kcal pro Portion

Zutaten
2 Stangen Lauch
100g Petersilienwurzel
500 ml fettfreie Gemüsebrühe
100g Frischkäse (0,2% Fett)
1 Bund Petersilie
Salz & Pfeffer

Lauch in Ringe schneiden. Petersilienwurzel würfeln. Beides in etwas Brühe andünsten. 3 EL gedünstete Ringe heraus nehmen und beiseite legen. Dann mit Brühe ablöschen und etwa 10 Minuten bei mittlerer Hitze köcheln lassen.

Den Frischkäse zugeben, alles pürieren und mit Salz & Pfeffer abschmecken. Anschließend die Suppe auf zwei Teller verteilen, mit den Lauchringen und der gehackten Petersilie garniert servieren.

Gurkensüppchen mit Dill*#

2 Portionen, 116 kcal pro Portion
Zutaten
2 Gurken
2 Frühlingszwiebeln
500 ml fettfreie Gemüsebrühe
100g Frischkäse (0,2% Fett)
Saft von ½ Zitrone
Etwas Currypulver
1 Bund Dill
Salz & Pfeffer

Frühlingszwiebeln in Ringe schneiden. Gurke grob würfeln. Beides in etwas Brühe andünsten. Dann mit der restlichen Brühe ablöschen und etwa 10 Minuten bei mittlerer Hitze köcheln lassen. Dill klein hacken.

Den Frischkäse, etwas Dill und den Zitronensaft zugeben und alles pürieren und mit Salz & Pfeffer sowie Currypulver abschmecken. Anschließend die Suppe auf zwei Teller verteilen, mit etwas Dill garniert servieren.

Tipp: Schmeckt auch mit in frischem Knoblauch gebratenen Scampi.

Pilzschaumsüppchen

2 Portionen, 103 kcal pro Portion

Zutaten
350g gemischte Pilze
1 Zwiebel
2 Stangen Lauch
500 ml fettfreie Gemüsebrühe
1/2 Bund gehackte Petersilie
50g Frischkäse
Salz & Pfeffer

Pilze putzen und je nach Größe halbieren oder in Streifen schneiden. Lauch waschen und in Ringe schneiden.

Zwiebel fein würfeln und in einer Pfanne mit Lauch in etwas Brühe dünsten. Die Pilze zugeben, kurz mit anschwitzen und ein paar Pilze herausnehmen und zur Seite legen. Den Rest mit Brühe ablöschen. Bei schwacher Hitze 15-20 Minuten köcheln lassen. Mit Salz und Pfeffer abschmecken, den Frischkäse zufügen und pürieren. Anschließend die restlichen Pilze vorsichtig unterrühren und in die Teller füllen, mit Petersilie bestreuen.

Zucchini-Knoblauchschaumsüppchen

2 Portionen, 103 kcal pro Portion

Zutaten
300g Zucchini
1 Zwiebel
4 Knoblauchzehen
500 ml fettfreie Gemüsebrühe
1 EL Zitronensaft
1 Zweig Thymian
1 kl. Lorbeerblatt
100g Frischkäse
Salz & Pfeffer

Zucchini waschen und in kleine Würfel schneiden. Zwiebel und Knoblauch klein schneiden und in einer Pfanne in etwas Brühe dünsten. Thymian und Lorbeerblatt zugeben und kurz ziehen lassen.
Die Zucchini in 500ml Gemüsebrühe bissfest blanchieren. Thymian und Lorbeerblatt heraus nehmen und Zwiebel & Knoblauch in die Brühe geben. Bei schwacher Hitze 10 Minuten köcheln lassen. Mit Salz und Pfeffer abschmecken, den Frischkäse zufügen und alles pürieren.

Tip:
Wer in der Suppe lieber ein paar Stücke mag, nimmt vor dem Pürieren 2 EL Zucchini-Würfel heraus und gibt sie danach wieder hinein.

Brokkoli-Basilikum-Süppchen

2 Portionen, 129 kcal pro Portion

Zutaten
300g Brokkoli
100g Frischkäse 0,4
500ml fettarme Gemüsebrühe
1/2 Bund Frühlingszwiebeln
1 Knoblauchzehe
1/4 Bund Schnittlauch
1/2 Bund Basilikum

Zwiebel und Knoblauch schälen und hacken. Brokkoli putzen und waschen. Basilikum und Schnittlauch waschen. Basilikum fein schneiden. Zwiebeln mit Wasser glasig dünsten, dann Knoblauch, Brokkoli und die Hälfte Basilikum dazu geben. Brühe zugießen und kochen lassen bis der Brokkoli gar ist. Alles pürieren, Frischkäse hinzugeben und nochmals mixen, mit Salz & Pfeffer würzen. In Schalen verteilen und mit Schnittlauch und restlichem Basilikum garnieren.

Kräuter-Cremesüppchen

2 Portionen, 134 kcal pro Portion

Zutaten
1 Stück Ingwer (ca. 2-3 cm)
2 Lauchzwiebeln
1 Bund Schnittlauch
2 Schalotten
je 2 Stiele Dill, Petersilie und Zitronenmelisse
500 ml fettfreie Gemüsebrühe
1/2 rote Chillischote
100g Frischkäse (0,2% Fett)
gemahlener Kümmel
Salz & Pfeffer

Ingwer schälen, in 4 Stücke schneiden und in 1/2 L Wasser mind. 30 Minuten ziehen lassen.

Kräuter hacken, Schnittlauch in Röllchen schneiden. Schalotten würfeln, Zwiebeln in Ringe schneiden. Schalotten und Zwiebeln in etwas Wasser glasig dünsten. Mit Ingwerwasser inkl. Ingwer ablöschen und aufkochen. Zugedeckt bei kleiner Hitze etwa 5 Minuten kochen.

Chilli längs halbieren, Kerne entfernen und würfeln. Ingwer aus der Suppe nehmen. Frischkäse mit Salz, Pfeffer und Kümmel glatt rühren. Mit Kräutern, Chilli in die Suppe geben, pürieren und abschmecken.

Carpaccio von der Jakobsmuschel

2 Portionen, 179 kcal pro Portion

Zutaten
100g Knollensellerie
25 g Apfel
20g Frischkäse 0,4
1/2 TL gehackte Petersilie
2 Jakobsmuscheln (Nüsse)
10g Sprossen
Salz & Pfeffer

Sellerie schälen und in Würfel schneiden, in einen Topf geben und mit Wasser bedeckt 20 Min. kochen, dann den geschnittenen Apfel weitere 5 Min. mitkochen. Abtropfen lassen und mit Frischkäse mixen. Petersilie zufügen und salzen. Die Jakobsmuscheln trocken tupfen und in 3-4 Scheiben schneiden, auf einen Teller legen und salzen & pfeffern.
Das Püree portionsweise in 2 schöne Gläser geben und die Jakobsmuscheln fächerartig darauf dekorieren. Mit den Sprossen garniert servieren.

Fenchel-Thunfisch-Carpaccio

2 Portionen, 185 kcal pro Portion

Zutaten
2 Fenchel
1 Dose Thunfisch in Saft
Balsamico bianco
einige Spritzer Zitronensaft

Zwiebel und Knoblauch schälen und hacken. Brokkoli putzen und waschen. Basilikum und Schnittlauch waschen. Basilikum fein schneiden. Zwiebeln mit Wasser glasig dünsten, dann Knoblauch, Brokkoli und die Hälfte Basilikum dazu geben. Brühe zugießen und kochen lassen bis der Brokkoli gar ist. Alles pürieren, Frischkäse hinzugeben und nochmals mixen, mit Salz & Pfeffer würzen. In Schalen verteilen und mit Schnittlauch und restlichem Basilikum garnieren.

Variante
Veganer Thunfisch schmeckt auch gut.

Gemüse

Gurkenschiffchen*#

2 Portionen, 88 kcal pro Portion

Zutaten
1 Salatgurke
1 Knoblauchzehe
100g fettarmer Frischkäse
(0,2% Fett)
50g Magerquark
1 kleine rote Paprika
1/2 Bund Petersilie
Salz & Pfeffer

Gurken längs halbieren und entkernen. Ein 1/4 Stück Gurke mit dem Gemüsehobel fein raspeln. Die drei übrigen Gurkenstücke schräg in 3x3 cm Stücke schneiden.
Den Knoblauch fein hacken. Paprika klein würfeln und Petersilie hacken. Gurke in kleine Würfel schneiden, die Kräuter klein hacken. Frischkäse und Quark glatt rühren und Gurkenraspel, Paprika, Petersilie und Knoblauch untermischen. Mit Salz und Pfeffer abschmecken und auf die Gurkenstücke füllen.

Variante
Mit anderen Kräutern experimentieren.

In Phase 4 können auch gewürfelte Karotten und 1 EL Olivenöl ergänzt werden.

Zucchinigemüse

2 Portionen, 60 kcal pro Portion

Zutaten
500g Zucchini
1 Knoblauchzehe
4 Stiele Petersilie
1 TL Fenchelsamen
250 ml Gemüsebrühe
Salz & Pfeffer

Zucchini in Scheiben schneiden. Knoblauch in dünne Scheiben schneiden. Petersilie fein hacken. Knoblauch und Fenchelsamen in einem Topf mit wenig Brühe anbraten, die Zucchini dazu geben und 5 Minuten mit braten. Mit Petersilie bestreuen und Brühe zugeben. Kurz mit geschlossenem Deckel bei mittlerer Hitze bissfest garen. Dazu schmeckt ein gemischter Salat oder Putenbrustfilet.

Variante
Alternativ 400g Fenchel und 100g Cocktailtomaten nehmen.

Wurzelgemüse mit Meerrettich

2 Portionen, 190 kcal pro Portion

Zutaten
500g Petersilienwurzel
150ml Gemüsebrühe
1 Apfel
3 EL Frischkäse
frisch geriebener Meerrettich
Salz & Pfeffer

Petersilienwurzel schälen und in Stifte schneiden. Und in einem Topf mit wenig Brühe kurz andünsten. Anschließend mit Gemüsebrühe ablöschen und bissfest garen. Das Gemüse mit Meerrettich, Salz & Pfeffer pikant abschmecken. Den Apfel entweder in schmale Spalten schneiden und auf dem Teller garnieren oder klein Würfeln und über dem Gemüse verteilen. Mit dem Frischkäse in der Mitte ein Türmchen bilden, ein wenig Meerrettich darüber verstreuen und servieren.

Variante
Alternativ können auch 250g Petersilienwurzel durch 250g Sellerie oder Pastinake oder andere Wurzelgemüse ersetzt werden.

Spargel in Gemüsevinaigrette

2 Portionen, 185 kcal pro Portion

Zutaten
1 kg Spargel (grün & weiß)
5-6 Kirschtomaten
je 1/2 rote & gelbe Paprika
1/4 Salatgurke
1 rote Zwiebel
1/2 Bund Schnittlauch
1/2 Bund Petersilie
1 Frühlingszwiebel
1 Zweig Basilikum
50 ml Gemüsebrühe
2 EL weißer Balsamico
etwas Stevia
Salz & Pfeffer

Spargel schälen und die Enden abschneiden. Einen Topf mit Wasser, 1 TL Salz & etwas Stevia sowie 1 Zitronenscheibe zum Kochen bringen und den Spargel 15-20 Minuten darin kochen.
Für die Vinaigrette die Kirschtomaten vierteln, Paprika sehr fein würfeln, Frühlingszwiebel in Streifen schneiden, Salatgurke sehr fein würfeln, und den Schnittlauch in Röllchen schneiden, Zwiebel fein würfeln, Thymianblätter abzupfen, Petersilie und Basilikum klein hacken.
Balsamico mit Salz & Pfeffer und Stevia verrühren, bis die Kristalle sich gelöst haben. Das Gemüse und die Kräuter untermischen.
Den Spargel vorsichtig aus dem Kochwasser heraus heben und die Gemüsevainegrette über den warmen Spargel geben.

Variante
fettarmer Schinken oder geräucherter Fisch oder veganer Puten- oder Schinkenaufschnitt schmecken dazu.

Geschmortes Gemüse

2 Portionen, 115 kcal pro Portion

Zutaten
2 Stangen Staudensellerie
1 Zucchini
je 1 grüne & gelbe Paprika
1 rote Zwiebeln
200g Tomaten
1 kleine Aubergine
1/2 Bund Thymian
1/2 Bund Basilikum
75 ml Gemüsebrühe
Salz & Pfeffer

Paprikaschoten entkernen und in Scheiben schneiden. Zucchini in Stücke und Staudensellerie in Scheiben schneiden. Aubergine und Tomaten würfeln. Thymian-Blätter abzupfen.

Aubergine mit etwas Brühe anbraten. Zwiebel und Knoblauch dazu geben. Paprika, Zucchini, Staudensellerie sowie Thymian unterheben und anbraten. Die Tomatenwürfel und die restliche Brühe zugeben und mit Salz & Pfeffer verfeinern. Im geschlossenen Topf ca. 15 Minuten schmoren lassen. Basilikum grob hacken und über das Gemüse geben und servieren.

Kohlrabi-Spargel-Mix

2 Portionen, 69 kcal pro Portion

Zutaten
8 Stangen Spargel
1 Kohlrabi
100ml fettfreie Gemüsebrühe
1-2 Stiele Estragon
etwas Streusüße
Salz & Pfeffer

Kohlrabi putzen und in mundgerechte Stücke schneiden. Den Spargel schälen und schräg in 2 cm lange Stücke teilen.
Kohlrabi und Spargel in einem Topf mit wenig Brühe 4 Minuten andünsten. Anschließend mit Gemüsebrühe ablöschen.
Eine Prise Streusüße zugeben und ca. 8 Minuten zugedeckt bei geringer Hitze garen. Mit Salz & Pfeffer abschmecken und mit geschnittenen Estragonblättchen servieren.

Zwiebel-Champignons

2 Portionen, 60 kcal pro Portion

Zutaten
500 g Champignons
1 Zwiebel
1 Knoblauchzehe
100ml fettfreie Gemüsebrühe
1 TL Thymian
Salz & Pfeffer

Pilze putzen und in Streifen schneiden. Zwiebel und Knoblauch fein würfeln und in einer Pfanne mit etwas Brühe glasig dünsten. Die Pilze zugeben, kurz mit anschwitzen und mit der restlichen Brühe ablöschen und den Thymian einrühren. Bei mittlerer Hitze 3-4 Minuten schonend dünsten. Mit Salz und Pfeffer abschmecken.

Tipp
Es könne auch andere Pilze wie Steinpilze oder Kräutersaitlinge genommen werden. Oder statt Thymian kann mit Rosmarin gewürzt werden.

gratinierte Tofu-Zucchini

2 Portionen, 140 kcal pro Portion

Zutaten
2 Zucchini
1 Bund Basilikum
100g Seidentofu
2 Strauchtomaten
100 ml fettfreie Gemüsebrühe
1 rote Paprika
1 TL Oregano
Salz & Pfeffer

Den Backofen auf 180 Grad Umluft vorheizen.
Zucchini in 4 cm breite Stücke schneiden und mit einem Apfelentkerner das Fruchtfleisch ausstechen und beiseite legen. Die Zucchini-Ringe salzen und pfeffern und beiseite stellen.
Das Fruchtfleisch mit den Basilikumblättern und dem Tofu zu einer Creme pürieren und mit Salz würzen. Die Creme mit Spritzbeutel in die Zucchini füllen.
Tomaten und Paprika in kleine Würfel schneiden, mit Oregano und Salz würzen und mit der Brühe vermischen. Alles in eine Form geben und 25 im Ofen backen.

Bohnen mit Pfifferlingen

2 Portionen, 134 kcal pro Portion

Zutaten
500g grüne Bohnen
500g Pfifferlinge
1 rote Zwiebel
1 Bund Thymian
150ml fettfreie Gemüsebrühe
Salz & Pfeffer

Bohnen putzen und halbieren. Pfifferlinge putzen und je nach Größe halbieren, Zwiebel in feine Scheiben schneiden.
Thymianblättchen abzupfen.
Zwiebeln mit etwas Wasser oder Brühe in einer Pfanne andünsten. Thymian, Pfifferlinge und Bohnen zugeben und 3 Minuten dünsten. Salzen & pfeffern. Dann mit Gemüsebrühe ablöschen und ca. 15 Minuten mit Deckel kochen lassen.

Variante
Statt Pfifferlingen können auch Champignons verwendet werden. Frikadellen passen auch dazu.

Fenchel-Apfel-Pfanne

2 Portionen, 101 kcal pro Portion

Zutaten
1 große Fenchelknolle (400g)
1 säuerlicher Apfel
1 TL Fenchelsamen
50 ml fettfreie Gemüsebrühe
Abrieb von 1/2 Zitrone
Salz & Pfeffer

Fenchel putzen und Grün beiseitelegen und in dünne Scheiben schneiden. Apfel ebenfalls in Scheiben schneiden. Fenchelsamen im Mörser zerstoßen, Fenchelgrün fein hacken und beides mit der Zitronenschale etwa 2-3 EL Brühe , Salz & Pfeffer verrühren. Und mit Apfel- & Fenchelscheiben vermischen.
Aus Alufolie zwei Pfännchen mit kleinem Rand formen, die Fenchelmischung hinein geben und die restliche Brühe auf beide Schalen verteilen. Die Pfännchen offen 8-10 Minuten grillen.

Variante
In Phase 4 kann das Rezept mit 150g Gorgonzola oder Feta ergänzt werden, der vor dem Grillen über die Pfännchen gebröckelt wird.

Zucchini-Tofu-Spieße

2 Portionen, 131 kcal pro Portion

Zutaten
2 Zucchini (a 150g)
200g Tofu
2 EL fettfreie Gemüsebrühe
1 Zitrone
1 TL rosa Pfefferbeeren
Salz & Pfeffer

Tofu in größere Würfel schneiden. Pfefferbeeren zerstoßen, Schale von 1/2 Zitrone fein abreiben und die Hälfte auspressen.

Zitronenschale und Saft mit der Brühe, den zerstoßenen Pfefferbeeren und etwas Salz verrühren. Mit der Marinade die Tofuwürfel gut mischen und darin mindestens 30 Minuten marinieren.

Zucchini der Länge nach in Scheiben hobeln. Restliche Zitronenhälfte in Stücke schneiden. Die Tofuwürfel aus der Marinade nehmen und mit jeweils 1 Zucchinischeibe umwickeln und jeweils 3 Röllchen auf einen Spieß stecken und mit 1 Stück Zitrone abschließen.

Spieße auf dem heißen Grill unter Wenden 8-10 Minuten grillen und ab und zu mit der restlichen Marinade bestreichen.

Variante
In Phase 4 kann gewürfelter fettarmer Fetakäse oder Ziegenkäse ergänzt werden.

Zucchini-Rührei

2 Portionen, 215 kcal pro Portion

Zutaten
300g Zucchini
2 Frühlingszwiebeln
2 Eier
50g körniger Frischkäse 0,4%
1/2 Bund Schnittlauch
Blattsalat zum Dekorieren
Salz & Pfeffer

Frühlingszwiebeln putzen und in feine Ringe schneiden. Zucchini waschen und fein reiben. Eier mit körnigem Frischkäse verschlagen und mit Salz und Pfeffer würzen. Zucchini und Frühlingszwiebeln andünsten. Eier zugießen und unter Rühren braten.

Rührei leicht pfeffern, auf Salatblättern anrichten, mit Schnittlauch bestreuen und heiß oder kalt servieren.

Rosenkohl mit Maroni

2 Portionen, 197 kcal pro Portion

Zutaten
500g Rosenkohl
100g Maroni (vakuumverpackt)
100 ml fettfreie Gemüsebrühe
je 1 Zweig Rosmarin & Thymian
1-2 EL weißen Balsamico
Salz & Pfeffer

Den Rosenkohl putzen und halbieren und ca. 15 Minuten in Salzwasser garen und abgießen.
Die Kastanien in einer Pfanne kurz mit wenig Brühe anschwitzen, den Rosenkohl zugeben und mit der restlichen Brühe ablöschen. Leicht einköcheln lassen, Balsamico unterrühren. Salzen & pfeffern und sofort servieren.

Variante
Um den Auflauf etwas deftiger werden zu lassen, können auch 75g fettarme Schinkenwürfel zugegeben werden.

Knoblauch-Bohnen mit Tomaten

2 Portionen, 131 kcal pro Portion

Zutaten
350g grüne Bohnen
100g getrocknete Tomaten
1 rote Zwiebel
1 Knoblauchzehe
1 getrocknete Chillischote
100ml Gemüsebrühe
2 EL Zitronensaft
1 TL Zitronenschalen
1 Zweig Rosmarin
1 TL Stevia
etwas Chillipulver
Salz & Pfeffer

Bohnen putzen und in kochendem Wasser 10-15 Minuten bissfest garen. Abschrecken und gut abtropfen lassen.
Knoblauch in dünne Scheiben schneiden. Getrocknete Tomaten auch in feine Scheiben schneiden. Rosmarinnadeln abzupfen und grob hacken. Zwiebel in feine Würfel schneiden.
Rosmarin, Zwiebel, Abrieb der Zitronenschale, Tomaten und Knoblauch in einer Pfanne evtl. unter Zugabe von etwas Wasser oder Brühe andünsten. Die restliche Brühe und den Zitronensaft zugießen und alles 3 Minuten bei mittlerer Hitze kochen lassen. Mit den Bohnen vermischen und mit Salz & Pfeffer, Stevia und Chillipulver abschmecken.

Variante
In Phase 4 können fettarme Schinkenwürfel ergänzt werden.

gegrilltes Auberginen-Carpaccio

2 Portionen, 125 kcal pro Portion

Zutaten
2 Auberginen
15 Cocktailtomaten
1 Knoblauchzehe
1 TL Tomatenmark
etwas Kreuzkümmel
Cayennepfeffer
Salz & Pfeffer

Die Aubergine längs in dünne Scheiben schneiden (evtl. mit Hobel), auf Küchenpapier auslegen und salzen. Die Auberginen ziehen Wasser. In der Zwischenzeit die Tomaten einschneiden und kurz in heißem Wasser blanchieren. Dann schälen und würfeln und in eine Schüssel geben. Mit Salz, Pfeffer, gepresstem Knoblauch Cayennepfeffer und Tomatenmark abschmecken.
Eine Grillpfanne anheizen und die Auberginen von beiden Seiten anbraten oder im Backofen grillen, bis sie gar sind und mit Salz & Kreuzkümmel abschmecken. Die Auberginen auf einem vorgewärmten Teller in Sternform anrichten und das Tomatensalsa in die Mitte geben und sofort servieren.

Variante
In Phase 4 kann zum Schluss etwas Olivenöl über das Salsa geträufelt werden.

Sellerieschnitzel

2 Portionen, 171 kcal pro Portion

Zutaten
1 Knollensellerie
1 Zitrone
etwas Muskat
200 ml fettfreie Gemüsebrühe
Salz & Pfeffer

Für das Gemüse:
1 kleine rote Paprika
1 kleine rote Paprika
1 Zucchini
100 g Kirschtomaten
1 kleine Zwiebel
1 Knoblauchzehe
getrockneter Thymian
Salz & Pfeffer

Den Sellerie schälen und in ca. 1 cm dicke Scheiben schneiden. Mit Salz, Pfeffer, Muskat und etwas Zitronensaft würzen und in der Pfanne pro Seite etwa 5 Minuten nicht zu heiß anbraten. Der Sellerie soll schön weich werden.

Das Gemüse würfeln, die Tomaten achteln, Zwiebel und Knoblauch klein schneiden. Das Gemüse mit dem Knoblauch und den Zwiebeln in einer Pfanne mit etwas Gemüsebrühe anbraten und etwas schmoren lassen. Dann mit Salz, Pfeffer und Thymian würzen.
Das Schnitzel mit Gemüse und einer Zitronenschiebe servieren.

Variante
In Phase 4 kann die Selleriescheibe vor dem Anbraten in Ei und Knäckebrotkrümel gewälzt werden.

gebackene Fenchel-Tomaten

2 Portionen, 90 kcal pro Portion

Zutaten
2 Fenchel
2 große Tomaten
1 kleine Zwiebel
200 ml fettfreie Gemüsebrühe
je 1 Zweig Rosmarin & Thymian
1 Salbeiblatt
1/2 Bund Petersilie
Salz & Pfeffer

Den Backofen auf 180 Grad vorheizen.
Fenchel waschen, putzen und in der Länge halbieren. Fenchelgrün beiseitelegen. Den Fenchel sechsteln oder achteln und kurz in Wasser garen.

Tomaten in kleine Stücke schneiden. Die Zwiebel in Streifen schneiden. Zwiebel, Fenchel und Tomaten in einer Auflaufform verteilen und die Brühe darüber gießen. Salzen & Pfeffern. Die Kräuter hacken und mit etwas Fenchelgrün über das Gemüse streuen.
Die Form abdecken und bei 180 Grad 40-50 Minuten backen.

Variante
Um den Auflauf etwas deftiger werden zu lassen, können auch 75g fettarme Schinkenwürfel zugegeben werden.

Blumenkohlflan

2 Portionen, 175 kcal pro Portion

Zutaten
1 Blumenkohl
1 Ei
100g Frischkäse
2 EL Zitronensaft
1 Prise Muskat
Salz & Pfeffer

Den Backofen auf 170 Grad vorheizen. Den Blumenkohl waschen, in kleine Röschen teilen und 10 bis 15 Minuten in Salzwasser mit einem Spritzer Zitronensaft garen. Anschließend in eiskaltes Wasser legen. Gut abtropfen lassen und mit einer Gabel etwas zerdrücken. Das Ei mit dem Frischkäse verrühren und mit Salz, Pfeffer und Muskat würzen. Dann den Blumenkohl zufügen und alles pürieren. Im Backofen im Wasserbad etwa 30 Minuten garen, anschließend stürzen.

Variante
Das Rezept funktioniert auch mit Brokkoli, Zucchini oder Knollensellerie.

Türkische Eierpfanne

2 Portionen, 142 kcal pro Portion

Zutaten
300g Spinat (TK)
1 Zwiebel
1 Knoblauchzehe
2 EL Tomatenmark
2 Eier
Salz & Pfeffer

Den Spinat in heißem Salzwasser blanchieren, in ein Sieb abgießen. Die Zwiebel und Knoblauch fein würfeln und glasig anbraten. Das Tomatenmark dazugeben und leicht mit rösten. Spinat dazu geben und das Ganze auf kleiner Stufe 5 min. leicht köcheln lassen (evtl. etwas vom Spinatwasser aufheben und einen kleinen Schwupp dazugeben).
Jetzt die Eier in die Masse schlagen, leicht umrühren und stocken lassen. Würzen nach Bedarf mit Salz und Pfeffer.

Variante
Die Eier als Spiegeleier in einer extra Pfanne braten und oben auf dem Spinat servieren.

Kräuter-Champignons

2 Portionen, 170 kcal pro Portion

Zutaten
8 Riesenchampignons
1 Knäckebrot
1 Ei
100g Naturjoghurt 1,5% Fett
1 Zitrone
3 EL Petersilie
einige Tropfen Worcestersoße
1 Prise Cayennepfeffer
Salz & Pfeffer

Die Zitrone auspressen. Champignons putzen, Stiele heraus drehen und klein hacken, beiseite stellen.

Die Champignonköpfe mit etwas Zitronensaft beträufeln und mit Salz & Pfeffer würzen. Das Knäckebrot zerbröseln. Das Ei in einer Schüssel verquirlen und die Brösel in einen tiefen Teller füllen. Die Pilzköpfe durch das Ei ziehen und dann mit den Bröseln panieren. Die panierten Pilze in einer Pfann mit etwas Brühe goldbraun anbraten.

Inzwischen den Knoblauch pressen und mit Joghurt, Salz, Pfeffer, einigen Tropfen Worcestersoße und etwas Zitronensaft verrühren, abschmecken und mit 2 EL Petersilie verrühren.

Die Pilzköpfe aus der Pfanne nehmen und warm stellen. Die gehackten Pilzstiele kurz in der heißen Pfanne anbraten, den restlichen Zitronensaft, die Petersilie und die restlichen Brösel hinzufügen und die Pilzhüte damit auffüllen.

...
mit Fisch
und
Fleisch

Rosenkohl mit Zwiebeln

2 Portionen, 195 kcal pro Portion

Zutaten
500g Rosenkohl
1 Zwiebel
etwas Muskat
Salz & Pfeffer

Rosenkohl putzen und waschen und in Salzwasser 15 Minuten bissfest garen.
Zwiebel fein würfeln und in einer Pfanne evtl. mit etwas Wasser anbraten. Den Rosenkohl hinzugeben und darin schwenken. Mit Salz & Pfeffer und Muskat abschmecken.

Variante
Wer es deftiger mag, kann 100g 0,2% fettarme Schinkenwürfel ergänzen.

Geschmorte Zucchini mit Tomaten

2 Portionen, 205 kcal pro Portion

Zutaten
400g Zucchini
250g Fleischtomaten
2 Schalotten
2 Knoblauchzehen
50g magere Schinkenwürfel
1/2 Bund Petersilie
Salz & Pfeffer

Die Zucchini waschen und in große Würfel schneiden. Die Tomaten kreuzweise einschneiden, kurz in kochendes Wasser tauchen und häuten, dann in Stücke schneiden. Schalotten und Knoblauch fein hacken. Die Petersilie klein schneiden. In einer Pfanne Schinkenwürfel, Knoblauch, Schalotten und Petersilie anbraten und kurz garen lassen. Zucchini und Tomatenwürfel hinzu geben und 10 bis 15 Minuten garen. Mit Salz und Pfeffer abschmecken

Variante
Das Rezept schmeckt auch mit Auberginen.

grüne Bohnen mit Rindfleischstreifen

2 Portionen, 185 kcal pro Portion

Zutaten
300 g grüne Bohnen
400ml Gemüsebrühe
200g Rindfleisch
etwas Bohnenkraut
1 rote Zwiebel
1 EL Balsamico
1 EL Apfelessig
Salz & Pfeffer

Die Bohnen in der Gemüsebrühe bissfest kochen. Zwiebel in feine Spalten schneiden.
Das Rindfleisch fettfrei in einer Pfanne anbraten. Bohnen abseihen und 100ml Brühe für das Dressing zurückhalten. Dann Apfelessig, Balsamico, Gemüsebrühe und Bohnenkraut vermischen. Mit Salz & Pfeffer würzen. Die Bohnen mit dem Dressing mischen und auf Tellern anrichten, das Fleisch darauf verteilen.

Variante
Statt Rinderstreifen kann auch Roastbeef oder ein veganer Fleischersatz in feinen Scheiben genommen werden.

Fisch mit Paprikajus

2 Portionen, 230 kcal pro Portion

Zutaten
240g Fischfilets
1 Zwiebel
1 Knoblauchzehe
2 rote Paprikaschoten
150 ml fettfreie Gemüsebrühe
1/2 Zitrone
100g Frischkäse (0,2% Fett)
Salz & Pfeffer

Zwiebeln und Knoblauch klein hacken. Paprika in kleine Stücke schneiden. (etwas davon zurück behalten zum garnieren).
Die Zwiebel in etwas Wasser glasig dünsten, dann Paprika und Knoblauch zufügen, 3 Minuten dünsten und mit Brühe ablöschen. 10 Minuten köcheln lassen und pürieren. Salz, Pfeffer und Frischkäse einrühren.
Den Fisch mit Zitronensaft beträufeln, salzen und pfeffern. Die Filets von jeder Seite in der Pfanne mit etwas Brühe anbraten und mit Pfeffer übermahlen und mit der Paprikasoße anrichten.

Seelachs im Zucchinimantel

2 Portionen, 160 kcal pro Portion

Zutaten
300g Seelachsfilet
1 Zucchini
1 Knoblauchzehe
1 EL Zitronensaft
2 Zweige Thymian
Zitronenspalten
Salz & Pfeffer

Den Seelachs kalt abbrausen und trocken tupfen. Knoblauch fein hacken und mit Zitronensaft verrühren. Den Fisch mit der Marinade bestreichen.
Zucchini der Länge nach in dünne Streifen schneiden oder hobeln. Fischfilets salzen & pfeffern, mit je 1 Zweig Thymian belegen und mit Zucchini-Streifen umwickeln.
Fischfilets in der Pfanne unter Zugabe von etwas fettfreier Gemüsebrühe rundum goldbraun anbraten . Den Seelachs mit Zitronenspalten garniert servieren.

Variante

Dazu passt gut Gurken-, Tomaten- oder grüner Salat oder Gemüse.

Zander im Spinatbett

2 Portionen, 184 kcal pro Portion

Zutaten
240g Zanderfilet
500 g Spinat
1 Bund Frühlingszwiebeln
300 ml fettfreie Gemüsebrühe
1/2 Zitrone
100g Frischkäse (0,2% Fett)
Salz & Pfeffer
evtl. etwas Muskat

Frühlingszwiebeln in Rollen schneiden, in einen Topf geben und mit etwas Wasser dünsten. Den Spinat dazugeben und 5 Minuten mit dünsten.
Mit Salz, Pfeffer und Muskat verfeinern. Brühe hinzu geben und kurz aufkochen lassen. Den Topf vom Herd nehmen, den Frischkäse zugeben und alles zu Mus pürieren.
Den Zander fettfrei anbraten und die Oberseite dann salzen & pfeffern.
Die Zitrone auspressen, dann den Spinat und den Fisch auf einem Teller anrichten und mit etwas Zitronensaft beträufeln.

Blumenkohl auf Hähnchenbrust

2 Portionen, 140 kcal pro Portion

Zutaten
1 gr. oder 2 kl. Blumenkohl
1 TL Zitronensaft
2 EL Apfelessig
1 TL Anissamen
1 TL bunte Pfefferkörner
200g Hähnchenbrust-
    aufschnitt
Kerbel zum Garnieren
Salz & Pfeffer

Den Blumenkohl in Salzwasser oder Brühe 10 Minuten kochen. Zitronensaft, Essig und 1 Schöpfer Kochwasser in einer Schüssel verrühren und den heißen Blumenkohl einlegen. Unter öfterem Wenden abkühlen lassen.

Pfefferkörner und Anissamen in einer Pfanne trocken rösten, bis sie zu duften beginnen, dann in einem Mörser zerstoßen.
Die Hähnchenbrust-Scheiben auf einem Teller in Sternform anrichten, den Blumenkohl darauf legen und mit Anispfeffer bestreuen und der Marinade beträufeln und mit Kerbel garnieren.

Variante
Gut für die Arbeit zum Mitnehmen. Alternativ Putenbrust oder Lachsschinken oder eine vegane Variante ausprobieren.

Rosmarinhähnchen an Kohlrabistampf

2 Portionen, 210 kcal pro Portion
Zutaten
240g Hähnchenbrust
2 Kohlrabi
1 kleine Zwiebel
1 Zitrone
2 EL Magerjoghurt
Rosmarin
200 ml fettfreie Gemüsebrühe
1 Prise Muskat
Salz & Pfeffer

Zwiebel und Kohlrabi würfeln und bei mittlerer Hitze 5 Minuten mit etwas Wasser dünsten. Mit Brühe ablöschen und zugedeckt 15 Minuten leicht köcheln lassen.

Den Kohlrabi mit dem Pürierstab pürieren, mit Joghurt verrühren und mit Salz & Pfeffer sowie mit Muskat würzen.

Die Hähnchenbrust mit dem Saft der Zitrone beträufeln und mit dem Rosmarin einreiben bzw. bestreuen. Das Fleisch von beiden Seiten in der Pfanne scharf anbraten, evtl. etwas Brühe zugeben.

Den Kohlrabistampf mit einem Salatblatt auf dem Teller anrichten und zum Schluss das Fleisch daneben legen und mit Salz & Pfeffer würzen.

Variante
Für Veganer gelingt die Zubereitung auch mit einer pflanzlichen Varinate. Dazu passt gut ein Tomatensalat. Gelingt auch mit Knollensellerie.

Putensteaks mit Paprika-Salsa

2 Portionen, 215 kcal pro Portion

Zutaten
240g Putensteaks
2 große Tomaten
je 1 kleine rote und grüne Paprika
1 kleine Zwiebel
1 Knoblauchzehe
1-2 EL Zitronensaft
3-4 EL fettfreie Gemüsebrühe
Salz & Pfeffer

Tomaten und Paprika würfeln, Zwiebel und Knoblauch fein würfeln. Alles mit Zitronensaft und 2 EL Gemüsebrühe mischen und mit Salz & Pfeffer würzen.
Die Putensteaks mit Salz & Pfeffer würzen und in der restlichen Gemüsebrühe 3-4 Minuten anbraten. Die Steaks mit dem Paprika-Tomaten-Salsa auf Tellern anrichten.

Variante
Für Veganer gelingt die Zubereitung auch mit pflanzlichem Putenersatz.

Paprika mit Gemüse-Hack-Füllung

2 Portionen, 260 kcal pro Portion

Zutaten
240g Hackfleisch
1 Fenchelknolle
2-3 Lauchzwiebeln
1 kleine Zwiebel
1/2 Aubergine
1 gelbe und 1 rote Paprikaschote
100 ml fettfreie Gemüsebrühe
1/2 Bund Petersilie
2 Spritzer Sojasoße
Salz & Pfeffer

Backofen auf 200 Grad vorheizen. Zwiebel würfeln. Fenchel und Aubergine fein würfeln und Lauchzwiebeln in Ringe schneiden. Paprika mit Stiel längs halbieren. Kerne und Trennhäutchen entfernen. Petersilie hacken.
Das Hackfleisch in der Pfanne fettfrei krümelig anbraten und mit Salz & Pfeffer würzen. Zwiebel, Gemüsewürfel und Zwiebelringe zufügen und 2 Minuten mit dünsten. Petersilie, Sojasoße und die Brühe unter das Hackfleisch rühren.
Die Paprikahälften in eine Auflaufform geben die Hackmischung einfüllen. Die Paprika im Ofen etwa 30 Minuten backen.

Variante
Rinder- oder Putenhack ausprobieren. Als vegane Version kann feines Bio-Soja-Hack verwendet werden.
Dazu passt gut ein Grüner Salat.

Putenröllchen mit Basilikumfüllung

2 Portionen, 190 kcal pro Portion

Zutaten
2 dünne Putenschnitzel
1 EL Senf
1 Knoblauchzehe
50g Frischkäse
4-6 Zweige Basilikum
250 ml fettfreie Gemüsebrühe
Salz & Pfeffer

Knoblauch pressen und mit Senf, Frischkäse, Salz & Pfeffer mischen. Das Fleisch auf einer Seite damit bestreichen.
Die Blätter des Basilikum abzupfen und darauf legen und anschließend das Fleisch aufrollen. Mit Haushaltsgarn oder Zahnstochern befestigen. In einer Pfanne scharf rund herum anbraten evtl. etwas Wasser dazu geben. Mit der Brühe ablöschen und zugedeckt etwa 30 Minuten garen. Dazu schmeckt Tomatensalat oder Brokkoli.
Variante
Schmeckt auch mit dünnem fettarmen Schweine- oder Rindfleisch.

Wintergemüse im Topf

2 Portionen, 110 kcal pro Portion

Zutaten
200g Rosenkohl
1-2 große Tomaten
1 Gemüsezwiebel
1 kleine Pastinake
1 kleine Petersilienwurzel
100g Staudensellerie
200 ml fettfreie Gemüsebrühe
1 Knoblauch
1 Rosmarinzweig
1 TL Thymianblättchen
Salz & Pfeffer

Den Rosenkohl kreuzweise im Strunk einschneiden. Tomaten achteln. Zwiebel in fingerdicke Streifen schneiden. Knoblauch klein würfeln. Das Wurzelgemüse schälen und schräg in 0,5 cm dünne Stücke teilen. Den Sellerie schälen und in 2 cm große Stücke schneiden.
Zwiebeln und Knoblauch mit etwas Wasser oder Brühe in einem Topf glasig dünsten. Wurzelgemüse und Sellerie und Blumenkohl zugeben und 3 Minuten dünsten, dann salzen und pfeffern. Die Brühe untermischen und bei mittlerer Hitze 10 Minuten köcheln lassen. Dann Tomaten zufügen und weitere 5 Minuten kochen.
Variante
1 Salbeiblatt oder andere Gewürze

Hackbällchen mit Kräuterquark*#

2 Portionen, 222 kcal pro Portion

Zutaten
240g fettarmes Hackfleisch
1 kleine Zwiebel
1 Knoblauchzehe
2 EL gemischte Kräuter
(Provenzialisch)
1 Priese Cayennepfeffer
Salz & Pfeffer
1 Zwiebel
1 Stück Salatgurke
Kräuter
(Schnittlauch, Dill, Estragon,
Petersilie, etc.)
50g fettarmer Quark
ein paar Salatblätter
Salz & Pfeffer

Zwiebel und Knoblauch würfeln und mit dem Hackfleisch mischen. Salz, Pfeffer und Cayennepfeffer sowie Kräutermischung unterrühren. Entweder 2 Frikadellen oder 4-6 Hackbällchen davon formen und in einer Pfanne scharf anbraten.
Die Gurke, Kräuter und Zwiebel klein schneiden bzw. hacken, mit dem Quark mischen und mit Salz & Pfeffer abschmecken.
Salat auf 2 Teller legen, und mit Fleisch und Kräuterquark anrichten.

Variante
Rinder- oder Putenhack ausprobieren.
Feines Bio-Soja-Hack und ein pflanzlicher Quarkersatz ist als vegane Variante zu empfehlen.

Tartar von Zander und Kohlrabi

2 Portionen, 180 kcal pro Portion

Zutaten
200g Zanderfilet
1 Schalotte oder
2 Frühligszwiebeln
1-2 Kohlrabi
1 Zitronen
250g Quark
1 EL Schnittlauch
1 EL Petersilie
1 EL Melisse
Salz & Pfeffer

Den Kohlrabi schälen und in möglichst dünne Streifen hobeln. 2-4 dünne Scheiben Kohlrabi ganz lassen. Kohlrabi mit dem Saft 1/2 Zitrone und Salz 15 Minuten marinieren.

Das Zanderfilet mit einem scharfen Messer in feine Würfel schneiden. 1 Messerspitze Zitronenzesten hobeln.

Die Schalotte fein hacken und mit dem Zander, der Zitronenschale und dem restlichen -saft sowie mit Salz & Pfeffer vermengen. Quark mit Kräutern verrühren und mit Salz & Pfeffer abschmecken.

Das Zandertartar und den gehobelten Kohlrabi vermischen, auf den Kohlrabi-Scheiben zu einem Turm schichten und mit dem Kräuterquark anrichten.

Asiatische Rindfleischpfanne

2 Portionen, 205 kcal pro Portion

Zutaten
200g Rindfleisch
1 Zwiebel
1 Knoblauchzehe
250g Brokkoli
1/2 TL geriebenen Ingwer
3 EL Sojasoße
175 ml fettfreie Gemüsebrühe
Salz & Pfeffer

Geriebenen Ingwer, Knoblauch und 2 EL Sojasoße vermischen und das Rindfleisch in Streifen geschnitten darin mindestens 15 Minuten marinieren. Brokkoli putzen und in Röschen teilen. Zwiebel in Streifen schneiden.
1 EL Sojasoße und die Brühe mischen. Wok oder Pfanne erhitzen und das Rindfleisch darin kurz scharf anbraten. Das Fleisch kurz heraus nehmen und Brokkoli und Zwiebeln in die Pfanne geben und bissfest garen, dann die Brühe mit Sojasoße sowie das Fleisch zugeben, alles mischen und mit Salz & Pfeffer abschmecken.

Variante
Es können auch 100g Brokkoli + 1/2 Paprika + 1/2 Lauchstange als Gemüsemischung genommen werden.
Geräucherter Tofu ist eine vegane Alternative.

Sauerkraut mit Hackfleisch

2 Portionen, 169 kcal pro Portion

Zutaten
200g Hackfleisch
550g Sauerkraut
1 Zwiebel
1 Apfel
1 Prise Cayennepfeffer
2 EL getrocknete Kräuter
(Oregano, Rosmarin usw.)
Salz & Pfeffer

Zwiebel würfeln, mit dem Hackfleisch mischen. Salz, Pfeffer und Cayennepfeffer sowie Kräutermischung unterrühren und in einer Pfanne krümelig anbraten. Dann das Sauerkraut und den gewüfelten Apfel hinzu geben und ca. 10-15 Minuten schmoren lassen.

Variante
Gemischtes-, Rinder- oder Putenhack ausprobieren.
Als vegane Version kann feines Bio-Soja-Hack verwendet werden. Dazu Salat servieren.

Hackfleisch-Pizza á la Vroni

2 Portionen, 310 kcal pro Portion

Zutaten
400g Hackfleisch
1 Ei
1 Zwiebel
1/2 Paprika
100g Pilze
50 ml passierte Tomaten
2 EL italienische Kräuter
(Oregano, Rosmarin usw.)
Salz & Pfeffer

Zwiebel würfeln und mit dem Hackfleisch mischen. Das Ei, Salz, Pfeffer sowie Kräuter wie Oregano, Basilikum etc. unterrühren. Die Hackfleischmasse auf einem mit Backpapier belegten Blech als Boden verteilen und darauf die passierten Tomaten verstreichen.
Die Pilze und das Gemüse in feine Streifen schneiden und auf die Tomatensoße legen. 30 Min. bei 190 Grad Umluft backen.

Variante
Mit anderen Gemüsen, wie Zucchini, Aubergine usw. belegen.
In Phase 4 können ein paar Tropfen Olivenöl sowie ein wenig fettarmer Streukäse über das Gemüse gegeben werden.
Schmeckt auch vegan mit Ei-Ersatz

Heilbutt-Happen in Salbei

2 Portionen, 310 kcal pro Portion

Zutaten
300g Heilbutt
300g Champignons
3-4 EL Zitronensaft
100 ml fettfreie Gemüsebrühe
10 Salbeiblättchen
Salz & Pfeffer

Fischfilet in kleine Stücke schneiden und salzen, Champignons vierteln und würfeln.

In einer Pfanne die Salbeiblättchen mit etwas Gemüsebrühe salzen & pfeffern und kurz leicht köcheln. Die Fischhäppchen hinzugeben und von beiden Seiten ca. 3 Minuten anbraten. Die Pilze hinzu geben und mit braten. Mit Zitronensaft, Salz & Pfeffer abschmecken und sofort servieren.

Variante
Mit anderen Gemüsen, wie Zucchini, Aubergine usw. belegen.
In Phase 4 können ein paar Tropfen Olivenöl sowie ein wenig fettarmer Streukäse über das Gemüse gegeben werden.

Warener Eiernester

2 Portionen, 225 kcal pro Portion

Zutaten
240g Hackfleisch
1 Zwiebel
1 Knoblauchzehe
1 EL Senf
2 TL Tomatenmark
1/2 TL edelsüßes Paprikapulver
1/2 Bund Petersilie
2 Eier
2 große Gewürzgurken
Salz & Pfeffer

Zwiebel und Knoblauch fein würfeln, Petersilie bis auf 2 kleine Blätter hacken und mit dem Hackfleisch sowie Tomatenmark und Paprikapulver mischen. Mit Salz & Pfeffer abschmecken. Die Hackmasse in zwei Auflaufförmchen füllen, eine Mulde in die Mitte drücken und jeweils 1 Ei hineinschlagen.

Die Eiernester im Ofen auf mittlerer Schiene bei 180 Grad Umluft ca. 25 Minuten backen, bis die Eier gestockt sind.

Die Gewürzgurken in Fächer schneiden und mit dem Blatt Petersilie als Verzierung seitlich auf das Eiernest legen. Dazu passt gut ein Salat.

Variante
Gemischtes-, Rinder- oder Putenhack ausprobieren.

Frikadellen*#

2 Portionen, 195 kcal pro Portion
Zutaten
240g Hackfleisch
1 Zwiebel
1 Knoblauchzehe
1 Prise Cayennepfeffer
oder Chilli-Pulver
2 EL getrocknete Kräuter
(Oregano, Rosmarin usw.)
Salz & Pfeffer

Zwiebel und Knoblauch würfeln und mit dem Hackfleisch mischen. Salz, Pfeffer und Cayennepfeffer sowie Kräutermischung unterrühren. Entweder 2 Frikadellen oder 4-6 Hackbällchen davon formen und in einer Pfanne scharf anbraten.

Variante
Gemischtes-, Rinder- oder Putenhack ausprobieren.
Dazu schmecken Gemüsevarianten oder Kräuterquark mit Salat

Alle Rezepte, die mit einem * gekennzeichnet sind, eignen sich gut auch zum Mitnehmen zur Arbeit. Sie können durch jeweils 100g Putenbrust-, Hähnchenbrust-Aufschnitt, Lachsschinken, fettarmen Schinkenaufschnitt, Scampi oder durch am Vortag angebratene Fleischstreifen, die kalt dazu gegessen werden, somit zu einer vollwertigen Mahlzeit ergänzt werden. Wer lieber fleischlose Proteinlieferanten mag, nimmt 100-150g Joghurt, Quark oder Hüttenkäse oder die Veganer ergänzen mit Varianten wie Tofu oder anderem Fleischersatz.

Desserts

Orangencreme

2 Portionen, 60 kcal pro Portion

300g Fettarmer Joghurt 0,1%
3-4 Blatt Gelatine
1-2 unbehandelte Orangen
1/2 Bund Minze
1-2 TL Stevia oder Erythriol

Joghurt in eine Schüssel geben. Gelatine kurz in kaltem Wasser einweichen. Die Orange abspülen und mit der Schale in kleine Stücke schneiden, Kerne entfernen und pürieren. Minze fein hacken und mit dem Süßungsmittel zu den Orangen geben und erneut pürieren.
Gelatine ausdrücken, in wenig heißem Wasser auflösen und dann mit dem Joghurt und der Orangensoße mischen. Gleich in Gläser füllen und für einige Stunden kalt stellen.

Variante
Gelingt auch mit anderen Zitrusfrüchten oder ungezuckerten Tiefkühlbeeren.

Cappuccino-Mousse

2 Portionen, 95 kcal pro Portion

400g Fettarmer Quark
2 Blatt Gelatine
150ml kalter Kaffee
3-4 TL Stevia oder Erythriol

Gelatine kurz in kaltem Wasser einweichen. Quark und Kaffee sowie Streusüße in eine Schüssel geben und verrühren.
Gelatine ausdrücken, in wenig heißem Wasser auflösen und dann mit der Quarkmasse mischen. Gleich in Gläser füllen und für einige Stunden kalt stellen.

Sorbet

2 Portionen, 65 kcal pro Portion

4 Stiele Zitronenmelisse
1kl. Stück frischen Ingwer
Saft von 2 Zitronen
125 ml Wasser
1 Eiweiß
75g Stevia oder Erythriol

Den Zitronensaft mit dem Wasser, dem Stück Ingwer und Süßungsmittel unter Rühren aufkochen, bis sich alles aufgelöst hat. Abkühlen lassen. Ingwerstück entfernen. Die Melisse waschen und die Blättchen grob hacken. Einige Blättchen zum Garnieren beiseitelegen. Den Sud mit den Kräutern pürieren, das Eiweiß zugeben und erneut pürieren. Die Masse in einer flachen Schale im Gefrierfach mind. 3 Stunden gefrieren lassen, dabei alle 30 Minuten mit einer Gabel durchrühren, damit das Sorbet cremig wird. Mit dem Eisportionierer in Kugeln und mit Melisse garniert servieren.

Variante
Kann auch mit Pfefferminze oder andere Kräutern oder mit Limette, Pomelo oder anderen Zitrusfrüchten gemacht werden.

Kompott

2 Portionen, 55 kcal pro Portion

6 Stangen Rhabarber
1Stück frischen Ingwer
150 ml Wasser
Vanilleschote
1-2 TL Stevia oder Erythriol

Rhabarber waschen, die äußerer Haut abziehen und in 1 cm große Stücke schneiden. Den Ingwer klein würfeln . Beides in einen Topf mit dem Wasser geben und kochen. Vanilleschote aufschneiden, Mark heraus kratzen und ebenfalls in den Topf geben. Ca. 5 Min köcheln lassen, bis das Obst weich ist. Evtl. mit Streusüße abschmecken.

Variante

Gemischtes Kompott mit 2 Äpfeln und 4 Stangen Rhabarber oder 4 Äpfel mit 150g Blaubeeren oder andere Obstsorten oder ohne Ingwer.

Das Kompott kann auch mit 200g Hüttenkäse oder Joghurt als Proteinlieferant zur Hauptmahlzeit ergänzt werden.

Grapefruit Gelee

2 Portionen, 110 kcal pro Portion

2 rosa Grapefruit
2 Mandarinen
2 Blatt Gelatine
2 EL Zitronensaft
Minze zum garnieren
2-4 TL Stevia oder Erythriol

Gelatine in kaltem Wasser einweichen. Mandarinen schälen und die Fruchtfilets zwischen den Trennhäutchen herausschneiden. Den Saft dabei auffangen. Die Filets auf 2 Gläser verteilen. Die Grapefruits auspressen und den Saft in einen Topf mit dem Zitronensaft, dem aufgefangenen Mandarinensaft und dem Süßungsmittel geben, unter Rühren zum Kochen bringen und vom Herd nehmen. Die ausgedrückte Gelatine gut unterrühren und anschließend die Flüssigkeit über die Filets in die Gläser füllen. Etwas abkühlen und dann im Kühlschrank fest werden lassen. Mit Minzblättern garniert servieren.

...Vegane Rezepte

Für alle Rezepte gilt, dass Naturjoghurt, Quark, Frischkäse oder körniger Frischkäse durch pflanzliche oder vegane Alternativen ersetzt werden kann. Z.B Cottage Drops von Züger auf Mandel & Sojabasis, Exquisa veganer Brotaufstrich, Soja- oder Mandeljogurt, etc.

Hühnerei kann ebenfalls jederzeit gegen veganen Ei-Ersatz ausgetauscht werden.

Statt Hackfleisch kann feines Bio-Soja-Hack oder Sonnenblumenhack verwendet werden.

Vegane Fleischalternativen gibt es mittlerweile einige. Z.B. Sojafleich, Tempeh, Jackfruit, Pilze, Seitan, Tofu, usw.

Gelatine kann durch Agar Agar, Pektin oder vegane Geliermittel ersetzt werden.

Alle vorangegangenen Rezepte, die mit einer # im Titel gekennzeichnet sind, werden durch Austauschen gegen eine pflanzliche oder vegane Variante vegan.

Kalorientabellen

KALORIENTABELLEN

Proteine

Kauf möglichst frisches und mageres Fleisch, Fisch und Geflügel.
Ebenso Tofu oder Magerquark und mageren Hüttenkäse oder Joghurt.
Löse sichtbares Fett und entferne dieses.
Esse täglich zwei Mahlzeiten mit je 100-120g Protein. Du benötigst die
Proteinmenge zum Erhalt und Aufbau von Muskulatur. Esse nicht
weniger Proteine, sonst verlierst du wertvolle Muskelmasse, die 24
Stunden am Tag kcal verbrennt. Weniger Muskulatur bedeutet
langsamere Fettverbrennung und dadurch eine Reduktion bzw.
Verlangsamung des Gewichtsverlusts. Außerdem lagerst du sonst
vermehrt Wasser im Gewebe ein.

	Geflügel	**kcal / 100g**	
Hühnerbrust	145	Putenbrust	105
Puten-schnitzel	160	Puten-schinken	166
	Schwein	**kcal / 100g**	
Filet	106	Mageres Schnitzel	106
Fettarme Schinken-würfel 2%	114		
	Kalbfleisch	**kcal / 100g**	
Filet	95	Schnitzel	115

Rindfleisch	kcal / 100g		
Filet	121	Mageres Rindfleisch/Hack	160
mageres Steak	121	Tartar	111
Roastbeef	130	Bündner fleisch	253
Rinderschinken	128		
Fisch	**kcal / 100g**		
Barsch	81	Pangasius	92
Dorade	123	Tilapia	93
Hecht	82	Thunfisch frisch oder in Lake	204
Heilbutt	105	Zander	83
Kabeljau	80		
Meeresfrüchte	**kcal / 100g**		
Scampi/ Krabben/ Garnelen	74	Austern	66
Miesmuscheln	51	Tintenfischringe	72
Venusmuscheln	38	Jakobsmuscheln	85

	Eier		
	1 Ei	100	
	Fettarme Milchprodukte	**kcal / 100g**	
Frischkäse 0,2%	64	Joghurt 1,5%	44
Hüttenkäse 0,4%	73	Magerquark	62
	Tofu	**kcal / 100g**	
Lopino (Lupinen-Tofu)	83	Seiden Tofu	54

Ungeeignete Proteine/Hülsenfrüchte/Gemüse

UNGEEIGNETE PROTEINE	UNGEEIGNETE HÜLSENFRÜCHTE
Schweinefleisch Schinken / Wurst	Erbsen / Linsen / weiße Bohnen
Geflügel Gans / Ente	
Lamm	**UNGEEIGNETE GEMÜSE**
Fettreicher Fisch Hering / Lachs / Makrele & Aal / Thunfisch bzw. Fisch in Öl / geräucherter Fisch	Avocado / Kartoffel / Karotten / Mais / Kürbis
Fette Milchprodukte Sahne / Käse	

Gemüse und Salat

Kaufe überwiegend frisches Gemüse und Salat von regionalen Produzenten, wie z.B. vom Bauern auf dem Wochenmarkt. Und wenn es mal schnell gehen muss, ist auch Tiefkühlgemüse ohne Zusätze in Ordnung. Esse genügend Salat und Gemüse, aber achte darauf, dass du 500-700 kcal pro Tag nicht überschreiten.

Ein kleiner Tipp: Verzehre besser mittags Salat und am Abend gedünstetes Gemüse. Da Salat schwerer verdaulich ist, liegt er länger im Verdauungstrakt und kann u.U. bei empfindlicheren Menschen über Nacht zu Blähungen oder Verdauungsbeschwerden führen.

	Gemüse	kcal / 100g	
Aubergine	24	Lauch	24
Blumenkohl	22	Mangold	14
Brokkoli	26	Meerrettich	64
Chicorée	17	Knollen-sellerie	18
Chinakohl	13	Mungosprossen	24
Fenchel	31	Pak Choi	16
Frühlingszwiebeln	24	Paprika-schoten	25
Grünkohl	28	Pastinake	58
Grüne Bohnen	33	Petersilien-wurzel	41
Kohlrabi	27	Radieschen	16
Rote Beete	27	Stangen-sellerie	15
Rotkohl	29	Tomaten	17
Rosenkohl	36	Getrocknete Tomaten	65
Salatgurke	15	Weißkohl	25
Spargel (weiß oder grün)	19	Wirsing	24
Spinat	23	Zucchini	20
		Zwiebeln	40

	Pilze	kcal / 100g	
Austernpilze	11	Pfifferlinge	
Champignons	16	Shitake	336
	Salat	kcal / 100g	
Eisbergsalat	13	Kopfsalat	11
Feldsalat	14	Rucola	11

Obst

Kaufe möglichst frisches Obst, wenn möglich aus biologischem Anbau. Obst bitte nur zum Frühstück oder als Zwischensnack bis max. 16.30 Uhr essen. Am Abend kein Obst mehr essen, da es durch den Fruchtzucker das Insulin ansteigen lässt umd somit die nächtliche Fettverbrennung verhindert.

	Obst		kcal / 100g	
Apfel (sauer)	52	Orange	47	
Birne	55	Papaya	39	
Erdbeere	32	Rhabarber	21	
Grapefruit	38	Rote Johannisbeere	56	
Heidelbeere	57	Zitrone	35	
Mandarine	46			

UNGEEIGNETES OBST

Bananen / Ananas / Weintraube / Kirsche / Aprikose / Pfirsich

Gewürze

Ob frische Kräuter, gefroren oder getrocknet - Kräuter ergänzen jede Mahlzeit zur Delikatesse. Mit Kräutern gewürztes Essen schmeckt variationsreich. Je schärfer du würzt, desto mehr wird der Stoffwechsel angeregt.

Apfelessig	Paprikapulver
Balsamico-Essig (zuckerfrei)	Pfeffer
Cayennepfeffer	Safran
Curry	Salz
Dijon-Senf (zuckerfrei)	Sambal Olek
Erythriol	Sojasoße
Garam Masala	Stevia
Gemüsebrühe (fettfrei)	Tabasco
Grüne Kräuter	Tomatenmark
Ingwer	Wasabi
Kurkuma	Zimt
Kreuzkümmel	Zitronenpfeffer
Limettensaft	Zitronensaft
Meerrettich	

UNGEEIGNETE GEWÜRZE

Glutamat / Geschmacksverstärker / fertige Würzsoßen / fertige Gewürzmischungen mit Zucker, Hefe, Fett / Aspartam / Zucker

Getränke

Trinke mindestens 2-4 Liter pro Tag, damit der Stoffwechsel aktiv bleibt. 2 Gläser Nieren-/Blasentee unterstützen zusätzlich die Niere beim Ausscheiden der Giftstoffe.

Generelle Empfehlung: trinke so viel, bis der Urin durchsichtig und klar ist und keinen gelbstich mehr hat.

Getränke	Getränke
Mineralwasser ohne Kohlensäure	Mate Tee
Quellwasser	Kräutertee
Kaffee	Oolong-Tee
Grüner Tee	Schwarzer Tee

UNGEEIGNETE GETRÄNKE
Kaffee / Alkohol / Obstsaft / Limonade / Milch / Cola / Energydrinks

Einladungen/Feiern/Geschäftsessen

Was darf ich essen, wenn ich während dem RESET z.B. zu einem Geburtstag eingeladen werde oder mit einem Geschäftspartner zum Essen gehe?

Wenn Du in ein Restaurant eingeladen bist, bestelle dir einen grünen Salat mit Tomaten und Gurken und bitte darum, ihn selbst mit Essig, Salz und Pfeffer anmachen zu dürfen. Dazu kannst du Fleisch oder Fisch naturbelassen ohne Soße essen. Oder du bestellst dir Fleisch oder Fisch mit frischem Gemüse ohne Soße (auch wenn es/er ansonsten anders angebraten wird). Für die Getränkewahl stehen Wasser oder Tee zur Verfügung.

Bist du bei Freunden eingeladen, gilt das gleiche wie im Restaurant. Falls im Sommer gegrillt wird, frage nach, ob für dich eventuell nichtmariniertes Fleisch oder Fisch besorgt werden könnte, oder bringe dein Fleisch selbst mit. Auch Rohkost-Gemüsestifte und Kräuterdip aus den Rezeptvorschlägen können gut ergänzt werden.

Diese Ausnahmen sollten während des Reset nur vereinzelt vorkommen!

Rezepte im Überblick

Übersichtstabelle Gewicht & Maße

Bitte wiegen und messen Sie sich möglichst immer zur gleichen Tageszeit in ähnlicher Kleidung oder Unterwäsche alle 2-3 Tage.

Datum							
Gewicht in kg							
Bauchum-fang in cm							
Taillenum-fang in cm							
Rechter Arm							
Linker Arm							
Rechtes Bein							
Linkes Bein							

Einkaufstipps:

zuckerfreier Senf: Dijon-Senf von (z.B. im EDEKA)

fettfreie Gemüsebrühe: z.B. von der Firma Cenovis, ASAL oder Natur Compagnie (da relativ viel mit Brühe gekocht wird, am besten gleich 2 oder 3 Gläser a 162g oder größere Mengen bestellen)

Süßungsmittel: Erythriol oder Stevia finden Sie im Internet

eingelegte Sauerkonserven gibt es mittlerweile auch mit Stevia wie z. B. kleine Gurken oder Rotkohl u.v.m.

Nützliche Quellen und Links:

http://www.reset-me.info

http://www.lebensmittel-tabelle.de
http://www.wie-zucker.de
http://www.kraeuter-verzeichnis.de

Bildnachweise:

www.fotolia.com
www.stock.adobe.com